DIREITO NO COTIDIANO

Guia de sobrevivência na selva das leis

COLEÇÃO COTIDIANO

CIÊNCIA NO COTIDIANO • NATALIA PASTERNAK e CARLOS ORSI
DIREITO NO COTIDIANO • EDUARDO MUYLAERT
ECONOMIA NO COTIDIANO • ALEXANDRE SCHWARTSMAN
FEMINISMO NO COTIDIANO • MARLI GONÇALVES
FILOSOFIA DO COTIDIANO • LUIZ FELIPE PONDÉ
PSICOLOGIA NO COTIDIANO • NINA TABOADA

Proibida a reprodução total ou parcial em qualquer mídia
sem a autorização escrita da editora.
Os infratores estão sujeitos às penas da lei.

A Editora não é responsável pelo conteúdo deste livro.
O Autor conhece os fatos narrados, pelos quais é responsável,
assim como se responsabiliza pelos juízos emitidos.

Consulte nosso catálogo completo e últimos lançamentos em **www.editoracontexto.com.br**.

DIREITO NO COTIDIANO

Guia de sobrevivência na selva das leis

EDUARDO MUYLAERT

Copyright © 2020 do Autor

Todos os direitos desta edição reservados à
Editora Contexto (Editora Pinsky Ltda.)

Montagem de capa e diagramação
Gustavo S. Vilas Boas

Coordenação de textos
Luciana Pinsky

Preparação de textos
Lilian Aquino

Revisão
Bruno Rodrigues

Dados Internacionais de Catalogação na Publicação (CIP)

Muylaert, Eduardo
Direito no cotidiano : guia de sobrevivência na selva das leis /
Eduardo Muylaert. – São Paulo : Contexto, 2020.
160 p.

ISBN 978-65-5541-023-5

1. Direito – Brasil – Obras populares 2. Leis e legislação – Brasil –
Obras populares 3. Justiça – Brasil – Obras populares I. Título

20-1951	CDD 340.02

Angélica Ilacqua CRB-8/7057

Índice para catálogo sistemático:
1. Direito – Brasil - Obras populares

2020

Editora Contexto
Diretor editorial: *Jaime Pinsky*

Rua Dr. José Elias, 520 – Alto da Lapa
05083-030 – São Paulo – SP
PABX: (11) 3832 5838
contexto@editoracontexto.com.br
www.editoracontexto.com.br

Sumário

Entrando na selva das leis   7

1. Regras para tudo e todos   9
2. O começo da vida   15
3. Infância e adolescência   21
4. A proteção da criança   27
5. Proibido para menores   35
6. Quando o menor erra   41
7. A hora do voto   47
8. Somos todos consumidores   53
9. As coisas que temos   61
10. Vivendo de aluguel   67
11. Hora de trabalhar   75
12. O tempo do amor   85

13.	Quando o amor acaba	93
14.	Herança e testamento	99
15.	Ninguém gosta de pagar impostos	105
16.	Quero ter meu próprio negócio	111
17.	Proteção do meio ambiente	117
18.	A defesa da vida	121
19.	A luta contra a violência	129
20.	As drogas de cada um	137
21.	Furto, roubo, corrupção	143
22.	A Justiça	149
	Conclusão: e agora?	157

Entrando na selva das leis

Vivemos num tempo em que a Justiça é cada vez mais acionada, mas ainda assim é difícil entender as coisas do direito. É importante saber como as leis influem no nosso cotidiano, já que estamos todos sob o comando delas. Esta obra não visa resolver casos concretos. A aplicação do direito é complicada, qualquer tentativa de autoajuda seria muito perigosa. Para examinar situações individuais, existem os advogados e as defensorias públicas.

Este livro explica, em linguagem simples, as principais regras e a estrutura básica da Justiça. Há normas para o nascimento e a morte, a infância e a adolescência, o eleitor e o infrator. Leis regulam a propriedade e o aluguel, o amor e a separação, o trabalhador, o empreendedor e os impostos. O Direito protege a vida, a mulher, o consumidor e o meio ambiente. Saber como essas coisas funcionam pode ajudar a enfrentar as inevitáveis dificuldades do dia a dia e a fugir de algumas armadilhas.

1
Regras para tudo e todos

Pode ser aborrecido, desagradável mesmo, mas desde o momento em que acordamos, e antes mesmo de sair da cama, já temos que obedecer a algumas regras. Uma série enorme de comandos nos obrigam, nos determinam o que fazer em cada situação. E nos ameaçam com consequências mais ou menos sérias em caso de desobediência.

Essas regras que encaramos logo ao despertar não são todas do mesmo tipo. Algumas são de ordem puramente técnica: escove os dentes, ou terá cáries; apague a luz, ou a conta virá muito alta. Outras são da esfera moral, dependem basicamente da nossa consciência: chega de preguiça, levante; seja colaborativo, ajude sua mãe, ou sua mulher, ou seus filhos, a fazer o café da manhã ou a lavar a louça da pia.

Podemos contrariar as normas técnicas e escamotear as morais, as consequências ficam por nossa conta. Mas há regras obrigatórias, que podem nos deixar em má situação, ser impostas até pela força, pois para isso existem a Justiça e a polícia.

Nesse último caso, estamos diante de regras jurídicas. Se não pagar uma dívida, vão tomar seus bens. Se dirigir depois de beber, mesmo que só um copinho de cerveja, pode perder a carteira de habilitação e, dependendo do teor alcoólico, até ser preso.

Quando falamos em direito, estamos falando inicialmente de um enorme conjunto de regras obrigatórias, o chamado direito positivo. Mas o vocábulo *direito* é usado também para os estudos, o curso de Direito, a assim chamada "ciência do Direito". Numa terceira acepção, ainda, a palavra designa os direitos de cada um de nós, chamados de direitos subjetivos, pois somos os sujeitos, os titulares, desses direitos.

Ninguém ignora que paira sobre nossas cabeças uma gigantesca teia de normas, que atinge praticamente todas as nossas atividades. A vida de cada um de nós é regulada de dia e de noite, desde antes do nascimento e, por incrível que pareça, até depois da morte.

Muitos pensadores têm destacado que o direito atual parece ter invadido tudo: há direito em toda parte, para todos, para tudo. Esse excesso de normas, essa dita fúria legislativa, acaba sendo, na verdade, um pouco sufocante. Alguns classificam mesmo como tirania essa invasão em todos os aspectos da vida.

A contrapartida é que, assim como temos que seguir as normas, os outros também têm que obedecê-las e, desse modo, respeitar os direitos de cada um de nós, os ditos direitos subjetivos.

Vivemos num tempo em que as questões legais se tornaram corriqueiras. A reforma da previdência, a nova CLT, as prisões da Operação Lava Jato, a superlotação dos presídios, os grandes desastres, o pacote anticrime, a questão do meio ambiente, tudo acaba entre os assuntos mais discutidos.

Apesar dessa popularização, ainda existe uma enorme dificuldade de acesso às coisas do direito. Vemos até autoridades e jornalistas cometendo erros e provocando grandes confusões. Na verdade, juiz decide, não dá parecer. O Ministério Público opina ou denuncia, não decide. O Congresso elabora leis, ao passo que o presidente, o governador e o prefeito editam decretos, que não podem contrariar as leis. O presidente pode vetar uma lei, no momento em que a recebe do Congresso, mas não pode revogar e nem contrariar uma lei depois de publicada.

Ao mesmo tempo, os mecanismos da Justiça são cada vez mais acionados, até para resolver quem fica com o cachorro depois da separação, ou se o condomínio pode impedir seus moradores de ter animais. A sobrecarga dos tribunais, e sua lentidão, é parcialmente consequência desse excesso de litigiosidade e da incapacidade das pessoas de resolver com bom senso, compreensão e respeito as questões de convivência em sociedade.

A formação em direito exige anos de estudo e é só um ponto de partida. É difícil ter uma visão de conjunto, e quase impossível entender cada especialidade. Os livros jurídicos são difíceis, usam um linguajar muito específico, impenetrável ao comum das pessoas e nem sempre de fácil tradução. O que dizer então do pensamento jurídico, dos complexos estudos e reflexões de teoria geral e de filosofia do direito?

Muitos pensadores definem o direito pela sua função de organizar a sociedade, regular a convivência, garantir direitos e definir obrigações. A questão, porém, é a de saber de que tipo de organização se trata e como funciona essa regulação, ou seja, em que medida esses fins são minimamente atingidos.

Já no século XIX, Charles Darwin, o famoso autor da teoria da evolução, registrava que a sociedade força seus membros a respeitar numerosas regras. No século seguinte, Georges Bataille observou que, enquanto as limitações dos animais decorrem da natureza, as dos humanos decorrem de normas.

Já que vivemos sob comando das leis, é melhor procurar saber como elas influem no nosso cotidiano. Afinal, regra vem de régua, de medida. E a palavra *direito* começou por significar o que é reto, o que é certo, o que é direito.

2
O começo da vida

A vida é um espaço que vai do nascimento à morte. Embora pareça óbvio, nem todo mundo pensa assim. Há quem veja vida depois da morte, mas aí temos questões espirituais ou religiosas que escapam ao direito. Só existimos depois de nascer.

O Código Civil assegura direitos ao que está por nascer, o nascituro, mas tais direitos só valerão se ocorrer o nascimento com vida. Trata-se de uma categoria especial, muito discutida, mas ainda pouco delimitada. Um dano sofrido antes do nascimento pode dar direito à indenização. Se o pai falecer por acidente, enquanto a criança ainda está no ventre da mãe, o recém-nascido poderá acionar os culpados e pleitear indenização.

Após o nascimento, efetivamente, o direito nos trata como pessoas, aptos a adquirir direitos e contrair deveres e obrigações. A atual Constituição, de 1988, institui um Estado Democrático visando assegurar a todos o exercício dos direitos sociais e individuais.

Liberdade, segurança, bem-estar, desenvolvimento, igualdade e justiça são apresentados na Constituição como valores supremos de uma sociedade fraterna, pluralista e sem preconceitos. Na prática, embora o Estado não consiga assegurar eficazmente todos esses direitos, há garantias mínimas previstas no próprio texto constitucional.

A Constituição de 1988 considera fundamental a dignidade da pessoa humana e define os objetivos de eliminar a pobreza e a marginalização e promover o bem de todos, sem preconceitos de origem, raça, sexo, idade e quaisquer outras formas de discriminação.

Todos são iguais perante a lei, diz a Carta, sem distinção de qualquer natureza, garantindo-se aos brasileiros e aos estrangeiros residentes no país a inviolabilidade do direito à vida, à liberdade, à igualdade, à segurança e à propriedade. E pela primeira vez, em 1988, a Constituição explicitou o que deveria ser óbvio: que homens e mulheres são iguais em direitos e obrigações.

A Constituição define os direitos fundamentais de cada ser humano, de não ser maltratado, de poder manifestar seu pensamento e sua criatividade, exercer seu culto religioso, associar-se, reunir-se pacificamente e manifestar-se, ter respeitada sua casa, sua intimidade, sua honra e sua imagem.

Embora possam ter direitos, os menores não podem exercê-los plenamente, pois são considerados incapazes para atos jurídicos, como assinar contratos. A partir dos 16 anos, já podem votar. Para comprar ou vender um imóvel, por exemplo, precisam estar assistidos pelos pais.

Também não têm capacidade plena, e devem ser assistidos por um responsável, os ébrios habituais, que costumam ingerir bebidas alcoólicas em excesso; os viciados em tóxicos; e os pródigos, que são os que fazem gastos excessivos e sem controle, dilapidando seus bens. Essa incapacidade relativa, entretanto, depende de declaração judicial.

Normalmente, a incapacidade cessa aos 18 anos, idade em que o voto se torna obrigatório, é possível tirar carteira de motorista e a responsabilidade criminal passa a existir. A pessoa passa a responder pelos crimes previstos no Código Penal, ao passo que os menores são sujeitos às regras do Estatuto da Criança e do Adolescente, de 1990.

No ano em que completa 18 anos, o jovem deve se alistar no serviço militar, que é obrigatório para os homens. As mulheres podem se alistar, se quiserem, mas não há obrigação. O número de alistados a cada ano supera um milhão e meio, dos quais menos de cem mil são efetivamente incorporados às Forças Armadas para servir por um ano.

A crença religiosa, a convicção filosófica ou a política são admitidas pela lei para trocar o serviço nos quartéis por serviços alternativos de caráter filantrópico ou administrativo. Já quem não se alista sem justificativa fica impedido de prestar concurso público, tirar passaporte, ser matriculado em qualquer universidade e exercer função ou serviço público.

Logo após o nascimento, é obrigatório o registro em um Cartório de Registro Civil, no prazo de 15 dias. A certidão de nascimento é o primeiro documento que possuímos, necessário para comprovar nossa existência e permitir o exercício de direitos. Esse registro é gratuito para os reconhecidamente pobres, como determina a Constituição.

Escolhido pelos pais, o nome é um direito de cada pessoa. O Cartório pode recusar o registro de um prenome ridículo ou vexatório. Em caso de insistência, a questão pode ser submetida ao juiz. As regras emitidas pelas corregedorias de alguns tribunais mandam adotar os sobrenomes do pai, da mãe, ou de ambos, em qualquer ordem. Os dos avós também costumam ser aceitos, e hoje em dia há dificuldade para colocar um sobrenome inventado.

O sobrenome pode ser alterado por ocasião do casamento, tanto pelo homem como pela mulher, acrescentando o sobrenome do outro cônjuge ou mesmo substituindo seu sobrenome pelo do outro. Decisão do STJ permitiu acréscimo de outro sobrenome do cônjuge mesmo até sete anos após o casamento, considerando que o acréscimo se justificaria pela notoriedade social e familiar do outro nome de família.

O prenome, em princípio, é definitivo. Se a pessoa não gostar, pode alterá-lo, mas só ao completar 18 anos, idade em que atinge a maioridade civil, e apenas no prazo de um ano, ou seja, até completar 19 anos. O nome pode ser também substituído por um apelido público notório, como tem ocorrido por motivos eleitorais.

As pessoas transgênero podem alterar seus prenomes diretamente no Cartório, a fim de adequá-los à identidade autopercebida, como determinou o Conselho Nacional de Justiça (CNJ). Assim, se Ivan se perceber como mulher, pode alterar seu prenome para Ivana, ou Maria, ou qualquer prenome feminino de seu gosto. Da mesma forma, Joana, reconhecendo sua identidade como masculina, pode mudar seu nome para João, ou qualquer outro prenome masculino. Devem ser mantidos os apelidos de família, ou seja, o sobrenome. Fora dessas hipóteses, a eventual mudança de nome depende de pedido justificado e de decisão judicial.

Sem autorização, ninguém pode usar ou explorar o nome alheio ou a imagem de outra pessoa. Com a certidão de nascimento, as pessoas entram para o mundo do direito. Sua identidade, salvo exceções, estará definitivamente ligada ao nome que lhe foi atribuído. E vai constar dos documentos necessários à existência, como carteira de identidade, de motorista, passaporte, diplomas, contas bancárias etc. Ouvir o próprio nome em geral é motivo de alegria e orgulho, mas em certas situações pode se tornar um pesadelo, como no caso de haver um homônimo, outra pessoa com o mesmo nome, com dívidas ou processos.

3
Infância e adolescência

O menor tem direito à proteção integral do poder público, como determinam a Constituição e o Estatuto da Criança e do Adolescente (ECA), que é uma lei de 1990.

Criança, pela lei, é a pessoa com até 12 anos de idade. Ao completar 12, e até os 18, passa a ser tratada como adolescente. Embora cada ser humano cresça e se desenvolva num ritmo próprio, a lei adota essas balizas para todos. Há crianças com corpos já maduros e há adolescentes franzinos. Mesmo assim, perante a lei, continuam a merecer tratamento conforme a respectiva faixa de idade.

O Estatuto da Juventude, de 2013, considera jovens as pessoas entre 15 e 29 anos, mas não altera a situação dos menores de 18 anos. Esse estatuto assegura a meia-entrada em cinemas, teatros, eventos esportivos e de lazer aos estudantes e também aos jovens de até 29 anos pertencentes a famílias de baixa renda. Entre 15 e 18 anos, então, a lei os trata ao mesmo tempo como adolescentes e como jovens.

Tanto a criança como o adolescente gozam, em tese, de todos os direitos fundamentais da pessoa humana, e devem ter asseguradas condições de desenvolvimento físico, mental, moral, espiritual e social, em condições de liberdade e de dignidade.

Para tanto, os cuidados têm que começar antes mesmo do nascimento. Todas as mulheres devem ter acesso aos programas de saúde da mulher, mas também de planejamento reprodutivo. As gestantes devem receber nutrição adequada, atenção humanizada e atendimento pelo Serviço Único de Saúde (SUS) antes, durante e depois do parto.

Nenhuma discriminação é admitida. Pouco importa a situação familiar, a idade, o sexo, a raça, a etnia ou a cor, a religião ou a crença. Não se pode também dar tratamento diferente em função de deficiência, condição econômica, ambiente social, região ou local de moradia. O Brasil é um país de grandes migrações internas e não se pode admitir menosprezo com os oriundos de outra região.

Assegurar os direitos básicos da criança e do adolescente é dever da família, ambiente natural de criação dos filhos. Os pais têm obrigação de sustentar, cuidar e educar os filhos menores. Quando não o fazem, podem ser repreendidos pela Justiça, perder a guarda e até ter retirado seu poder parental. Esse dever se estende à comunidade, à sociedade e ao poder público.

Entre os direitos básicos dos menores, previstos na Constituição e nas leis, destacam-se os referentes à vida, à saúde, à alimentação, à educação, ao esporte e ao lazer. Mas também o direito à profissionalização, à cultura, à dignidade, ao respeito, à liberdade e à convivência familiar e comunitária.

Esses objetivos devem obrigatoriamente ter prioridade nas políticas sociais e na destinação de recursos públicos. Qualquer política pública que se afaste desses objetivos e não destine recursos públicos para essas áreas pode gerar responsabilidade dos ocupantes do poder. Em caso de cortes de recursos, ou contingenciamento do orçamento, essas áreas devem ser as mais preservadas, em especial a da educação.

Aos pais incumbe o dever de sustento, guarda e educação dos filhos menores. A mãe e o pai têm os mesmos direitos e responsabilidades no cuidado e na educação da criança, inclusive o de transmitir aos filhos suas crenças e culturas. Hoje não se fala mais em pátrio poder, expressão que foi substituída por poder familiar. Há inúmeras medidas que podem ser aplicadas aos pais que falhem em sua missão, incluindo advertência, perda da guarda e suspensão ou destituição do poder familiar.

Antigamente, a lei discriminava os filhos adotivos, e os nascidos fora do casamento. Agora, todos têm os mesmos direitos. Não se pode mais falar, como antigamente, em filho ilegítimo, aquele nascido sem que os pais fossem casados, ou adulterino, fruto de uma relação extraconjugal.

Com a popularização do exame de DNA, inclusive nos laboratórios do setor público, fica mais difícil para o pai fugir de suas responsabilidades. Com um resultado objetivo, a paternidade torna-se evidente e pode ser judicialmente declarada, com todas as consequências, inclusive direito ao sustento e educação, bem como à herança.

A adoção é medida excepcional e irrevogável, à qual se deve recorrer, segundo o Estatuto da Criança e do Adolescente, apenas quando esgotados os recursos de manutenção da criança ou adolescente na família natural ou extensa.

Quando a mãe se vê sem condições, antes ou logo após o nascimento, pode entregar o filho para adoção (a lei só fala da mãe, não cita o pai ou outro familiar). Circunstâncias adversas, que vão muito além da simples falta de recursos materiais, também podem impedir a manutenção da criança ou adolescente na família, caso em que igualmente pode ocorrer adoção.

A adoção depende de consentimento dos pais de quem vai ser adotado, a menos que estes sejam desconhecidos ou tenham sido destituídos do poder familiar. Depende também da concordância do adotando, se contar mais de 12 anos. Trata-se de grande solução humanitária, em que pessoas que desejam ter filhos se dispõem a acolher uma criança ou adolescente com quem não têm laços de sangue.

Existem cadastros de crianças carentes e abandonadas que podem ser adotadas, no Brasil há mais de 9 mil crianças aptas à adoção. E também cadastros de pessoas que se dispõem a adotar. A habilitação de pretendentes à adoção é feita perante a Justiça da Infância e Juventude.

A verificação das condições costumava ser demorada. Para dar mais celeridade e maior controle, o Conselho Nacional de Justiça (CNJ) lançou em 2019 uma plataforma que integra todos os tribunais estaduais. O novo Sistema Nacional de Adoção e Acolhimento traz uma visão integral do processo, acompanhando a criança ou o adolescente desde sua entrada no sistema de proteção até a sua saída, seja pela adoção, seja pela reintegração familiar, tendo sempre em vista o interesse do menor.

Com a adoção, a criança se desliga de qualquer relação com a família biológica e passa a ser considerada integralmente como filha de quem a adotou, inclusive com direito à herança, em igualdade de condições com os eventuais novos irmãos.

Existe todo um conjunto de normas, como veremos a seguir, para proteção da criança e do adolescente.

4
A proteção da criança

Um dos principais objetivos do Estatuto da Criança e do Adolescente (ECA) é proteger a criança e o adolescente de qualquer forma de negligência, discriminação, exploração, violência, crueldade e opressão. Infelizmente ainda ocorrem muitos casos de violência e abusos sexuais no ambiente de famílias desestruturadas.

A Constituição determina que as leis estabeleçam punições severas para os casos de abuso. Os casos de suspeita ou confirmação de castigo físico, de tratamento cruel ou degradante e de maus-tratos contra criança ou adolescente devem ser comunicados ao Conselho Tutelar e mesmo à polícia. Submeter criança ou adolescente sob sua autoridade, guarda ou vigilância a vexame ou a constrangimento é crime punido com detenção de até dois anos.

Há fatos mais graves. Submeter criança ou adolescente à prostituição ou à exploração sexual é crime que pode ser punido com até dez anos de reclusão. Envolver menor em cena de sexo explícito ou pornográfica pode acarretar reclusão de até oito anos. A venda desse material pornográfico tem idêntica pena. Possuir ou armazenar essas imagens merece pena de até quatro anos de reclusão.

A infiltração de agentes de polícia na internet, com autorização judicial, para a investigação de crimes contra a dignidade sexual de criança e adolescente foi instituída por lei em 2017.

Verificada a hipótese de maus-tratos, opressão ou abuso sexual impostos pelos pais ou responsáveis, o juiz da Infância e Juventude pode determinar, como medida cautelar, o afastamento do agressor da moradia comum. Nada mais triste do que afastar uma criança dos pais, providência que só é tomada em último caso, mas que pode ser necessária para proteção do menor. Pais que se desviam do papel que deles se espera podem perder a guarda dos filhos e até o poder familiar.

Poder familiar é o conjunto de direitos e deveres estabelecidos entre os pais e seus filhos menores de 18 anos, que inclui dirigir a criação e a educação destes, tê-los em sua companhia e guarda, sustentá-los, bem como representá-los nos atos da vida civil (contratos, por exemplo), ou assisti-los, se maiores de 16 anos.

Alguns pais cometem grandes equívocos, com base em informações falsas. Surgiram lendas absurdas de que a vacinação é prejudicial à criança. A não vacinação, além de expor a criança à contaminação, contribui para a assustadora volta de epidemias que tinham quase desaparecido, como a de sarampo, provocando inclusive mortes. A vacinação é obrigatória e os pais podem ser responsabilizados se a evitarem.

Inscrever os filhos nos estabelecimentos de educação também é dever dos pais, que têm a obrigação de matricular seus filhos na rede regular de ensino. A partir de 2009, por meio de uma emenda constitucional, a matrícula de todas as crianças na escola a partir dos 4 anos tornou-se obrigatória. Antes da mudança na Constituição, o ensino fundamental era a única fase escolar obrigatória no Brasil. Depois da emenda, o ensino passa a ser obrigatório dos 4 aos 17 anos, incluindo a pré-escola, o ensino fundamental e o médio.

O Estado, por sua vez, tem que assegurar ensino fundamental obrigatório e gratuito, atendimento especializado aos portadores de deficiência e atendimento em creche e pré-escola às crianças de 0 a 5 anos. O ensino público e gratuito é direito de todo menor. O acesso à escola pública já era assegurado, mas uma lei de 2019 introduziu a garantia de vagas em escola próxima da residência, sendo que irmãos que frequentem idêntica etapa ou ciclo de ensino da educação básica têm direito de estudar no mesmo estabelecimento.

Na verdade, ainda há milhões de brasileiros na faixa de 4 a 17 anos fora da escola, muitos deles em situação de rua, explorados sexualmente ou no trabalho infantil.

O Estatuto da Juventude, de 2013, afirma ainda que o jovem tem direito à educação superior, em instituições públicas ou privadas, observadas as regras de acesso de cada instituição. Assegura ainda aos jovens negros, indígenas e alunos oriundos da escola pública o acesso ao ensino superior nas instituições públicas por meio de políticas afirmativas, o chamado sistema de cotas. O que se verifica, entretanto, é que o acesso à educação superior é limitado pelo número de vagas, que claramente não atende a todos os interessados.

A criança não pode trabalhar. A partir dos 14, excepcionalmente, pode exercer atividade como aprendiz, garantidos seus direitos previdenciários e trabalhistas e também seu acesso à escola. Fora dessa hipótese, é proibido qualquer trabalho a menores de 16 anos. Até os 18, de todo modo, é proibido o trabalho noturno, perigoso, insalubre, penoso, ou realizado em horários e locais que não permitam a frequência à escola.

É na escola que a criança e o adolescente aprendem a ler e a escrever, e recebem noções básicas para seu desenvolvimento e futura profissionalização. Ao mesmo tempo, a escola é o ambiente onde a criança aprende a conviver com pessoas de fora do âmbito familiar. As relações de amizade, e até os eventuais choques com os colegas, servem como preparação para a vida em sociedade.

No processo educacional devem ser respeitados os valores culturais, artísticos e históricos próprios do contexto social da criança e do adolescente, com liberdade da criação e acesso às fontes de cultura. Os pais têm direito de conhecer o processo pedagógico, bem como de participar da definição das propostas educacionais.

Hoje discute-se a possibilidade de a educação ser feita na própria casa do estudante, sob orientação dos pais, como se fazia no passado. O STF decidiu que só pode ser feita educação domiciliar no Brasil quando houver regulamentação legal. A maioria dos educadores entende que a formação educacional não deve ser restrita à família, pois o ambiente escolar é fundamental para o desenvolvimento infantil, com oportunidade de aprender a lidar com conflitos e conhecer opiniões diferentes.

O Estado tem obrigação de promover programas de assistência integral à saúde da criança, do adolescente e do jovem. O SUS tem a missão de promover programas de assistência médica e odontológica voltados à população infantil. A criança e o adolescente com deficiência devem ser atendidos sem nenhuma discriminação.

A chamada Lei da Palmada, de 2014, proibiu expressamente o uso de castigo físico ou de tratamento cruel ou degradante, como formas de correção, disciplina, educação ou qualquer outro pretexto. Nessa proibição se inclui qualquer conduta que humilhe, ameace gravemente ou ridicularize a criança ou o adolescente.

O poder público deve executar ações destinadas a coibir o uso de castigo físico ou de tratamento cruel ou degradante. Deve também difundir formas não violentas de educação de crianças e de adolescentes, apoiando práticas de resolução pacífica de conflitos.

À criança e ao adolescente têm que ter assegurada a inviolabilidade de sua integridade física, psíquica e moral, sendo dever de todos, e não só da família, evitar que sejam expostos a qualquer tratamento desumano, violento, aterrorizante, vexatório ou constrangedor.

É perfeitamente sabido que a violência não corrige ninguém, e ainda que os traumas sofridos na infância e na adolescência perturbam o desenvolvimento e a capacidade de adaptação à vida social e profissional. Muitos episódios de violência na vida adulta partem, exatamente, de crianças maltratadas na infância e adolescência.

5
Proibido para menores

Crianças e adolescentes, em geral, odeiam proibições. Uma série de limitações atinge os menores de 18 anos, visando à sua proteção, e mesmo sua educação. Há proibições absolutas na lei, mas algumas podem ser superadas pela companhia ou autorização dos pais.

Ações ou omissões prejudiciais à criança ou ao adolescente constituem crimes severamente punidos. É proibida a venda de inúmeros produtos que, em consequência, os menores não podem comprar sem burla à lei. Produtos alcoólicos não podem ser vendidos e menos ainda servidos aos menores. Há, na prática, constantes infrações a essa regra, embora servir bebida alcoólica a menor seja um crime punido com até quatro anos de detenção.

Revistas com material pornográfico ou obsceno também são proibidas aos menores. Além disso, só podem ser expostas à venda em embalagem lacrada, ou mesmo opaca, se as capas forem explícitas.

As revistas e publicações destinadas ao público infantojuvenil não podem ter imagens e nem anúncios de bebidas alcoólicas, tabaco, armas e munições. Ao mesmo tempo, o Estatuto da Criança e do Adolescente determina que tais publicações respeitem os valores éticos e morais da pessoa e da família.

Parece óbvio que as crianças e adolescentes não possam comprar armas, munições e explosivos. Nem fogos, exceto aqueles inofensivos. Vender ou entregar, de qualquer forma, arma, munição ou explosivo para pessoa menor é crime com pena de até seis anos de reclusão. No caso de fogos, detenção de até dois anos.

Não raro, os pais exigem que os filhos voltem para casa até determinada hora, o que costuma gerar permanentes negociações. O poder familiar, que inclui a guarda e educação dos filhos, legitima as determinações que não sejam ilegais ou absurdas. É proibida também a hospedagem do menor de 16 anos em hotel ou pensão, quando não autorizado ou acompanhado pelos pais.

A questão das autorizações para que os filhos possam viajar desacompanhados é um permanente tormento para os pais. As regras mudam com frequência, as práticas são diferentes em cada estado e por vezes envolvem burocracias assustadoras.

Em 2019, a lei passou a exigir autorização judicial para que o menor de 16 anos pudesse viajar desacompanhado. No mesmo ano, entretanto, o Conselho Nacional de Justiça (CNJ) dispensou essa formalidade, exigindo apenas autorização dos pais, com firma reconhecida. Mas a regra é confusa e a fiscalização é diferente em cada lugar.

Para viagem ao exterior, não é necessária autorização se a criança ou adolescente estiver acompanhada dos dois pais, mas se acompanhada por apenas um deles, é necessária a autorização do outro por documento com firma reconhecida. Quando da expedição do passaporte, é possível fazer constar a autorização para o menor viajar acompanhado por apenas um dos pais. Só com autorização judicial, entretanto, se o acompanhante for estrangeiro que more fora do país.

Com a garantia constitucional da livre expressão da atividade intelectual, artística, científica e de comunicação, independentemente de censura e licença, o antigo sistema de censura foi substituído pelo de classificação indicativa, em que o poder público informa as faixas de idade em que os filmes ou programas são recomendados. Essa classificação é feita por órgãos do ministério da Justiça.

    Crianças de menos de 10 anos só podem entrar em cinema, teatro e espaços de diversões e espetáculos públicos quando acompanhados dos pais. Na classificação livre, podem entrar crianças de mais de 1 ano, sempre com um dos pais. Quando o filme é considerado adequado apenas para maiores de 18 anos, os mais jovens não podem assistir, mesmo que acompanhados ou autorizados pelos pais. Abaixo dessa classificação, as crianças e adolescentes podem assistir a programas considerados adequados para os mais velhos, desde que acompanhados ou autorizados pelos pais.

    As emissoras de televisão também devem respeitar os horários adequados para cada faixa etária. Com a popularização da internet e das redes sociais, e a generalização do acesso de conteúdos on-line (*streaming*), esse controle ficou muito mais difícil.

E, na prática, os pais, se entenderem conveniente, podem assistir em casa com os filhos menores os filmes indicados para maiores de 18 anos. Cabe aos pais, também, orientar os filhos sobre os horários e conteúdos que podem acessar, até como parte do processo educativo, mesmo sabendo que o controle não é fácil.

A violação dessas proibições pelas empresas pode acarretar graves penalidades administrativas, inclusive cassação da licença de localização e de funcionamento de estabelecimento, e multas de valor elevado, sem prejuízo do eventual processo penal contra os responsáveis.

Conviver com as proibições e aprender a respeitá-las faz parte da educação da criança e do adolescente. E o exemplo dos pais é muito importante; não adianta o pai fazer preleção sobre os efeitos do álcool, se costuma dirigir depois de beber. Ou se deixa de usar o cinto de segurança, ou se não respeita as regras de trânsito. A grande lição é o exemplo que se dá.

6
Quando o menor erra

Uma das questões mais discutidas, especialmente em período eleitoral, é sobre a idade em que a pessoa deve começar a responder criminalmente por seus atos. A Constituição de 1988 estabeleceu que a responsabilidade penal começa aos 18 anos: "São penalmente inimputáveis os menores de 18 anos, sujeitos às normas da legislação especial".

A legislação especial referida é o Estatuto da Criança e do Adolescente (ECA), de 1990, que substituiu o antigo Código de Menores, de 1979. Esse último, expressamente revogado, refletia a mentalidade do período autoritário, em que a Constituição de 1967 não estabelecia quaisquer direitos para crianças e adolescentes.

Parte da opinião pública foi convencida de que, tendo em vista a participação de menores em crimes graves, sem risco de cadeia, a idade da responsabilidade criminal deveria ser baixada para 16 anos, ou até mesmo 14 anos. Uma pregação inconsistente acha tal medida imprescindível para a diminuição da criminalidade.

A verdade é que o Brasil, com a terceira maior população carcerária do mundo, continua às voltas com enormes índices de criminalidade. Além disso, nosso sistema penitenciário, em geral, é totalmente precário, superlotado e dominado por facções criminosas.

O que se esquece também é que o menor que comete atos previstos como crimes no Código Penal é sujeito até mesmo a internação em estabelecimentos que, muitas vezes, são verdadeiros presídios. Embora consideradas medidas de proteção à criança e ao adolescente, as sanções aplicadas em razão de sua conduta podem ser muito graves.

Quem induz menor de idade a praticar ou colaborar em infração penal fica sujeito à pena de até quatro anos de reclusão, aumentada em caso de crimes hediondos. Essa pena se aplica mesmo que essa sedução ou instigação seja feita por meios eletrônicos, inclusive salas de bate-papo da internet.

Para isso, uma lei de 2017, já citada brevemente, permite a infiltração de agentes de polícia na internet, sempre com autorização judicial, especialmente para a investigação de crimes contra a dignidade sexual de criança e adolescente.

O que é definido na lei como crime ou contravenção penal, quando praticado por menor de idade, é considerado ato infracional. O Juiz da Infância e da Juventude pode adotar uma série de medidas, que vão da advertência à internação, levando em conta as circunstâncias e a gravidade da infração. Dependendo das circunstâncias, da personalidade do adolescente e de sua maior ou menor participação no ato infracional, pode lhe ser concedida remissão, evitando o processo e lhe dando uma nova chance.

A internação é medida privativa de liberdade aplicável ao adolescente entre 12 e 18 anos, verdadeira prisão, cujo período máximo é de três anos. Ela é cabível nos atos infracionais cometidos mediante grave ameaça ou violência à pessoa, ou nos casos de reiterada infração grave. Ela só deve ser aplicada em último caso, se não houver outra medida adequada.

Para proteção dos adolescentes infratores, é proibida a divulgação de nome, fotografia ou documento de procedimento policial, administrativo ou judicial a eles relativo. Eles têm direito ao devido processo legal, inclusive defesa técnica por advogado.

A lei assegura expressamente o direito de o adolescente internado ser tratado com respeito e dignidade, e de receber visitas, ao menos semanalmente, além de poder corresponder-se com familiares e amigos.

Embora seja dever do Estado zelar pela integridade física e mental dos internos, com medidas adequadas de contenção e segurança, são frequentes os relatos da péssima situação dos locais de internação e dos abusos neles cometidos.

O Supremo Tribunal Federal (STF) rejeitou por unanimidade, em 2019, o pedido de flexibilização das regras do ECA formulado pelo partido do governo. Pretendia-se fosse facilitada a apreensão pela polícia de crianças e adolescentes para averiguação, ou por motivo de perambulação, mesmo sem indícios de crime. Ao mesmo tempo, foi rejeitado pelo STF o pedido de ampliação dos casos de internação.

O Supremo reafirmou que a Constituição determina que o Estado e a sociedade assegurem os direitos fundamentais da criança e do adolescente, especialmente a liberdade. A medida proposta só faria agravar a situação de crianças e adolescentes em situação de rua, contrariando a proteção integral determinada pela Constituição.

Se o sistema de punição, suposta proteção, do adolescente infrator já é ineficaz e cruel, a ideia de misturá-lo a criminosos comuns, em presídios superlotados e controlados por facções criminosas, é completamente destituída de sentido. E absolutamente contrária à Constituição e aos mais elementares princípios de justiça, inclusive reconhecidos por inúmeros tratados e convenções internacionais.

7
A hora do voto

O voto é obrigatório para os brasileiros após os 18 anos. Podem votar, mesmo não tendo obrigação, os maiores de 16 anos, os maiores de 70 anos e os analfabetos.

O voto obrigatório foi muito discutido entre nós, pois em inúmeros países só vota quem quer. Na elaboração da Constituição de 1988, entendeu-se que o voto facultativo não seria bom no atual estágio da democracia brasileira. Além do efeito pedagógico da participação nas eleições, poderiam deixar de votar justamente pessoas menos escolarizadas e de menos recursos. Na verdade, o voto de mais de metade da população contribui para a legitimidade dos resultados da eleição.

A Constituição instituiu um Estado Democrático de Direito, declarando que todo o poder emana do povo, que o exerce basicamente por meio de representantes, escolhidos pelo voto. As eleições, efetivamente, são o único modo democrático de escolha dos governantes.

Nossa República é formada pela união indissolúvel dos estados e municípios, bem como do distrito federal. Além do governo federal, com sede em Brasília, temos também os governos dos estados e as prefeituras, governos municipais. O poder Executivo é exercido, assim, pelo presidente da República, pelos governadores e pelos prefeitos. São eles que executam os atos de governo, sempre tendo que obedecer à Constituição e às leis. O presidente é auxiliado por seus ministros, e os governadores e prefeitos por seus secretários, encarregados de cada área da administração.

Cada um desses níveis se divide em três poderes, que devem ser independentes, mas harmônicos entre si. Além do Executivo, temos o Legislativo, eleito para fazer as leis e fiscalizar o Executivo. E, ainda, o Judiciário, o único não eleito, que julga as questões que lhe são submetidas.

No plano federal, o Legislativo é composto pelo Senado e pela Câmara. Em cada estado, pelas Assembleias Legislativas estaduais. E, nos municípios, pelas Câmaras de Vereadores.

O Brasil não admite candidaturas avulsas, para ser candidato é preciso estar filiado a um partido político. É preciso ter no mínimo 18 anos para ser candidato a vereador, 21 para deputado ou prefeito, 30 para governador e 35 para presidente da República. Não podem se candidatar os analfabetos, assim entendidos os que não sabem sequer ler e escrever um bilhete simples. Antes de 1988, o analfabeto não podia nem mesmo votar.

Uma emenda constitucional de 1997 permitiu a reeleição por uma única vez do presidente, dos governadores e dos prefeitos, mas essa inovação tem sido muito criticada. O primeiro mandato acabaria tendo como principal meta a recondução do governante, inclusive com o uso da máquina pública. Alguns segundos mandatos também teriam se mostrado decepcionantes. No Legislativo, não há qualquer limite para a reeleição.

Existem regras que impedem os ocupantes de alguns cargos, e seus parentes, de serem candidatos. O presidente da República, os governadores e os prefeitos não podem concorrer a outro cargo, a menos que renunciem até seis meses antes da eleição. São inelegíveis também, no mesmo local, o cônjuge e os parentes consanguíneos ou afins, até o segundo grau ou por adoção, salvo se já titular de mandato eletivo e candidato à reeleição. As regras de inelegibilidade visam proteger a probidade e moralidade para o exercício dos cargos e tentar afastar qualquer abuso de poder político ou econômico. Tais regras são aplicadas pela Justiça Eleitoral, encarregada também de organizar as eleições em todo o país.

Qualquer lei que altere o processo eleitoral deve ser publicada no mínimo um ano antes de cada eleição. As regras básicas estão no Código Eleitoral, de 1965, e nas chamadas leis das eleições, especialmente a Lei n. 9.504, de 1997, com suas várias alterações. Ela disciplina as convenções de cada partido para a escolha de candidatos, a arrecadação e aplicação de recursos financeiros, a respectiva prestação de contas, as pesquisas e testes pré-eleitorais e, finalmente, a propaganda eleitoral, inclusive a propaganda gratuita no rádio e televisão.

Os partidos políticos são regulados pela Constituição, que lhes assegura autonomia, e pela Lei dos Partidos Políticos, Lei n. 9.096, de 1995, que lhes atribui a finalidade de assegurar a autenticidade do sistema representativo. O número elevado de pequenos partidos, e o próprio sistema eleitoral, têm gerado inúmeras críticas. As permanentes propostas de reforma política e de alteração de nosso sistema eleitoral ainda não vingaram, inclusive em função dos grandes interesses em jogo.

Uma importante inovação foi a chamada Lei da Ficha Limpa, que impede a candidatura de pessoas condenadas por determinados crimes. A Lei Complementar n. 135, de 2010, uma das poucas de iniciativa popular a ser promulgada, foi contestada, sob a alegação de que violaria a presunção de inocência, ao afastar do processo eleitoral pessoas ainda sem condenação definitiva. Sua efetividade, entretanto, foi garantida com base no fato de que a própria Constituição permite que sejam estabelecidos outros casos de inelegibilidade, a fim de assegurar a moralidade para exercício de mandato, considerada a vida pregressa do candidato. Ou seja, quem foi condenado em segunda instância fica com a ficha suja, não pode concorrer às eleições, mesmo que esteja em liberdade.

Outro tema importante e controvertido é o do financiamento das campanhas eleitorais. A lei permite que as pessoas façam doações dentro de determinados limites, mas o STF decidiu que as doações feitas por empresas deveriam ser proibidas, pois violam a Constituição. Existem recursos públicos destinados às campanhas eleitorais, o chamado Fundo Eleitoral, criado em 2017, cujo valor atinge vários bilhões de reais e cuja conveniência é bastante questionada.

O voto obrigatório é o dever político mínimo do cidadão. Apesar do complicado sistema de partidos políticos e da impressão muito difundida de que não há lugar para pessoas decentes na política, tem crescido bastante a participação de jovens inconformados com esse estado de coisas e que, individualmente ou através de movimentos, se dispõem a se engajar para lutar por um país melhor. Sem dúvida, esse envolvimento pode melhorar o quadro de autenticidade do sistema representativo e tornar mais próximo o ideal democrático.

Essa melhoria, entretanto, depende da efetiva participação dos eleitores, muito além de só depositar o voto na urna. Mesmo no quadro de descrédito de muitos políticos profissionais, podemos pensar que se eles estão lá é porque votamos neles. Qualquer transformação depende de nosso engajamento, tanto individual quanto através de grupos de pessoas ou organizações que tenham interesses em comum, ou mesmo dos próprios partidos políticos.

8
Somos todos consumidores

Somos todos consumidores, pois no dia a dia compramos e usamos vários tipos de produtos e serviços. Para defender o consumidor, muitas vezes vulnerável diante de corporações poderosas, foi promulgado em 1990 o Código de Defesa do Consumidor (CDC), que se tornou quase tão importante no cotidiano como a Constituição.

Embora muitas regras do CDC não sejam amplamente conhecidas, todos os estabelecimentos comerciais do país são obrigados a manter pelo menos um exemplar para consulta dos clientes.

Entre os direitos básicos do consumidor figuram a proteção contra produtos ou serviços danosos ou nocivos, bem como informação adequada e clara. O Código prevê proteção contra publicidade enganosa e práticas abusivas, reparação de danos, e mesmo a adequada e eficaz prestação dos serviços públicos em geral.

Os órgãos públicos e suas concessionárias de serviços, como as de energia elétrica, água e gás, são obrigados a fornecer serviços adequados, eficientes e seguros. Os serviços essenciais têm que ter sua continuidade assegurada, sob pena de o poder público ter de reparar os danos causados.

Podem ser responsabilizados, independentemente da existência de culpa, o fabricante, o produtor, o construtor e o importador do produto defeituoso que não ofereça segurança. O comerciante também responde pelo dano se os primeiros não puderem ser identificados. A ação de reparação prescreve em cinco anos do conhecimento do dano e de sua autoria.

O prestador de serviços, da mesma forma, responde pela reparação dos danos causados por seu trabalho. Entretanto, os profissionais liberais, tais como médicos, engenheiros e advogados, só são responsabilizados pessoalmente se agirem com culpa, ou seja, com imperícia, negligência ou imprudência.

Omitir, ou deixar de alertar sobre a nocividade ou periculosidade de produtos ou serviços, é crime. É crime também executar serviço de alto grau de periculosidade, contrariando determinação de autoridade competente.

As cláusulas contratuais devem ser sempre interpretadas de maneira mais favorável ao consumidor. São nulas quaisquer cláusulas que procurem atenuar a obrigação de indenizar. As reclamações, entretanto, devem ser formuladas imediatamente, em 30 dias para serviços e produtos não duráveis, e em 90 dias no caso dos duráveis. As cláusulas contratuais abusivas, como a que restringe direitos ou obrigações fundamentais, ameaçando o equilíbrio do contrato, podem ser consideradas nulas.

Na cobrança de dívidas, é proibido expor o devedor a ridículo, ou a qualquer tipo de constrangimento ou ameaça. No passado, era comum o uso de cobradores com uniformes chamativos, e mesmo bandinhas de música ou carros de som na frente da casa do devedor. O uso de qualquer procedimento que exponha o consumidor ou interfira em seu trabalho, descanso ou lazer, é crime punido com detenção de até um ano.

Igualmente, configura crime o ajuste de preço entre concorrentes, bem como a venda ou mero depósito de mercadorias impróprias para o consumo, ao lado de outras figuras definidas na Lei n. 8137, de 1990.

Algumas regras são bem específicas e são direcionadas, por exemplo, às assistências técnicas, oficinas mecânicas e concessionárias de veículos. O fornecedor é obrigado a empregar componentes de reposição originais adequados e novos, ou que mantenham as especificações técnicas do fabricante, salvo autorização expressa em contrário do consumidor. É crime empregar, sem essa autorização, peça ou componente de reposição usados. Ao mesmo tempo, os fabricantes e importadores devem assegurar a oferta de componentes e peças de reposição enquanto não cessar a fabricação ou importação do produto, e mesmo depois, por período razoável de tempo.

É proibida publicidade disfarçada, que não seja claramente identificada como tal. Não pode ser, ainda, enganosa ou abusiva. É crime fazer afirmação falsa ou enganosa ou omitir informação relevante sobre a natureza, característica, qualidade, quantidade, segurança, desempenho, durabilidade, preço ou garantia de produtos ou serviços.

É crime também fazer ou promover publicidade que sabe ou deveria saber ser enganosa ou abusiva, ou capaz de induzir o consumidor a se comportar de forma prejudicial ou perigosa a sua saúde ou segurança. Nesse último caso, a pena prevista é de até dois anos de detenção.

A publicidade de um produto ou serviço obriga a fornecê-lo nas condições anunciadas. Por isso é que encontramos, com certa frequência, erratas publicadas em jornais e na internet, quando o anúncio original exibiu preço errado. Quando feita por telefone, a propaganda não pode gerar custo de chamada ao consumidor. Sempre que a contratação ocorrer fora do estabelecimento comercial, especialmente por telefone ou em domicílio, o consumidor pode desistir do contrato no prazo de sete dias a contar de sua assinatura ou do recebimento do produto ou serviço.

O CDC proíbe expressamente uma série de práticas abusivas como venda casada, exigir vantagem excessiva, impingir produtos ou serviços em caso de fraqueza ou ignorância do consumidor, executar serviço sem prévio orçamento aprovado, recusar venda de bens ou prestação de serviços, elevar preço sem justa causa.

Ocorre venda casada quando o vendedor condiciona o fornecimento de um produto à compra de outro. Por exemplo, exigência de contratação de seguro ao cliente interessado em cartão de crédito, venda casada de brinquedos e lanches *fast food*, cobrança de consumação mínima em bares ou restaurantes e, ainda, proibição aos frequentadores de cinema de levar seu próprio alimento, (pipoca, balas, água ou refrigerante), para obrigá-los a comprar no estabelecimento.

Há regras específicas em caso de financiamento, como a informação do total a pagar com ou sem o financiamento. No caso de prestações, são nulas as cláusulas que estabeleçam perda total em benefício do credor no caso de falta de pagamento.

A violação das regras do Código, além da reparação do dano e da responsabilidade criminal, pode acarretar sanções administrativas que vão da multa à cassação de alvará de licença, suspensão e mesmo interdição do estabelecimento, obra ou atividade.

Apesar da clareza das regras de proteção do consumidor, ainda há muitas resistências à sua aplicação, inclusive com discussão judicial. O STF decidiu que cabe aplicação do Código de Defesa do Consumidor às operações bancárias, exceto no que diz respeito à fixação de taxas, que é feita pelo Conselho Monetário Nacional.

Tanto a Secretaria Nacional do Consumidor, órgão do Ministério da Justiça, como órgãos estaduais e municipais compõem um sistema de proteção. Eles mantêm e dão acesso pela internet aos cadastros de reclamações e também dos casos de *recall*. O acesso pode ser feito no site do Programa de Proteção e Defesa do Consumidor (Procon) de São Paulo ou de institutos e entidades privadas de defesa do consumidor, que prestam serviço inestimável.

Recall, palavra de origem inglesa, é o procedimento de chamar de volta os consumidores em razão de defeitos verificados em produtos ou serviços colocados no mercado, especialmente veículos. O recall deve ser gratuito e sua comunicação deve alcançar os consumidores expostos aos riscos, mediante divulgação em jornal, rádio e TV. Verificado o defeito, o fabricante deve chamar o consumidor e consertar a falha sem cobrar nada.

A lei prevê ações coletivas, em favor de um número indeterminado de consumidores, como ocorreu em caso de publicidades enganosas de alimento e calçado, ou de descumprimento de contratos de viagem.

Há várias práticas prejudiciais que têm sido objeto de ação dos órgãos de proteção do consumidor. Entre elas, cobrança indevida de taxas de locação dos inquilinos, endividamento excessivo dos consumidores, pirâmides financeiras, abuso dos planos de saúde, das empresas de telefonia, de algumas agências de viagem e sites que enganam o turista.

Foi constatada maquiagem, por exemplo, quando a maioria das marcas de papel higiênico reduziu a metragem do papel sem a respectiva redução do preço. Com a divulgação e a rejeição dos consumidores, os fabricantes recuaram e os produtos voltaram à forma antiga.

Uma questão delicada é a da oferta de crédito consignado, especialmente para idosos. Há uma regra do Instituto Nacional do Seguro Social (INSS) que impede as instituições financeiras de buscar negociação, até 180 dias depois da concessão da aposentadoria, com ofertas de empréstimo ou cartão de crédito consignado. Já há processos administrativos instaurados direcionados a dez empresas contra as quais foram registradas mais reclamações.

Caso curioso é saber se é ou não permitido diferenciar preço entre homens e mulheres. Uma sentença judicial de Brasília proibiu a prática e, em seguida, uma Nota Técnica do Ministério da Justiça também a proibiu. No estado de São Paulo, entretanto, a regra não vale, pois uma liminar da Justiça Federal a suspendeu.

Como se vê, nossa defesa como consumidores depende não apenas da lei, mas também de permanente atenção para evitar armadilhas que a sede desmedida de lucro de alguns vai armando. Esse é um campo em que a ação coletiva é importante, pois a ação individual nem sempre é eficaz diante de empreendimentos gigantescos e pouco atentos aos nossos direitos.

9
As coisas que temos

Tanto as crianças como os adultos têm apego aos bens que lhes pertencem e que chegam a considerar não apenas como integrantes de seu patrimônio, mas até como parte de sua identidade.

O conceito de propriedade depende da estrutura do regime político de cada país. Os países comunistas davam prioridade à propriedade coletiva dos meios de produção, ao passo que as democracias liberais privilegiam a ideia de propriedade individual. É verdade que, nos últimos anos, mesmo os socialismos de tipo marxista têm feito concessões ao empreendedorismo, como forma de dinamizar a economia.

Lutando contra o absolutismo, a Revolução Francesa afirmou a visão liberal do direito de propriedade, consagrado na Declaração dos Direitos do Homem e do Cidadão de 1789 como direito inviolável e sagrado. A própria Declaração, entretanto, estabelecia que existem casos de necessidade pública que permitem privar o dono de sua propriedade, mediante prévia e justa indenização em dinheiro.

A Declaração Universal dos Direitos Humanos, de 1948, também afirma o direito de propriedade e, de modo ainda mais concreto, também o faz a Convenção Europeia dos Direitos do Homem, de 1950. A Constituição brasileira, de 1988, por sua vez, não só garante o direito de propriedade, como insere a propriedade privada entre os princípios da ordem econômica. Nosso Código Civil define a propriedade como a faculdade de usar, gozar e dispor de uma coisa, e inclui o direito de reavê-la de qualquer pessoa que injustamente a detenha. Se tenho um carro, posso usá-lo e desfrutar das facilidades que ele me propicia. Posso também dispor dele, ou seja, vendê-lo ou doá-lo. Ou ainda emprestá-lo ou alugá-lo e, nesse caso, se a pessoa não quiser devolver meu veículo, posso ir à polícia ou à justiça para recuperá-lo.

Existem restrições ao direito de propriedade, que deve ser exercido de acordo com suas finalidades econômicas e sociais. O dono não pode agredir a natureza ou o patrimônio histórico e artístico. A flora, a fauna, as belezas naturais, o equilíbrio ecológico devem ser preservados, e evitada a poluição do ar e das águas. Também é proibido o uso que vise apenas prejudicar a outras pessoas.

O imóvel pode ser desapropriado por necessidade ou utilidade pública, ou interesse social. Em tese, deveria haver prévia e justa indenização em dinheiro, mas, na prática, muitas vezes os desapropriados levam muitos anos para receber o que lhes é devido. O problema do pagamento dos precatórios, ordem de pagamento aos desapropriados, é gigantesco, pois o poder público não separou recursos suficientes. Há pessoas que perderam a própria casa e ficaram sem meios de obter outra para morar.

Nos filmes americanos, o proprietário que descobre petróleo no seu terreno fica rico. Aqui não, a propriedade não abrange as riquezas do subsolo, como jazidas, minas e recursos minerais.

Mesmo sem ser proprietário, o possuidor tem direitos. Se ocupar como seu e sem oposição um imóvel por 15 anos adquire a propriedade, por usucapião. Há várias hipóteses em que tal prazo é menor, inclusive no caso das coisas móveis, como livros, discos, carro, mobília ou eletrodomésticos.

Normalmente, a propriedade de um bem imóvel se adquire pelo registro de um título de aquisição no cartório de registro de imóveis, na maioria das vezes uma escritura pública de venda e compra, lavrada em cartório de notas, títulos e documentos.

A aquisição (compra) pode ser precedida de uma promessa ou compromisso de compra e venda, que dá direito de exigir a outorga da escritura definitiva ou a adjudicação judicial do imóvel.

O Código Civil tem regras minuciosas e curiosas, como a que estabelece que o vizinho tem o direito de cortar os ramos da árvore que invadir o seu terreno e que os frutos que caírem de uma árvore pertencem ao dono do solo onde tombarem.

Os muros e cercas entre duas propriedades presumem-se pertencer aos dois proprietários vizinhos, que são obrigados a concorrer, em partes iguais, para as despesas de construção e conservação.

O proprietário pode construir em seu terreno, desde que respeite os regulamentos administrativos. O prédio não pode despejar água no do vizinho, e há uma distância mínima para abrir janelas ou fazer terraços. O STJ entendeu, por exemplo, que a proibição de abrir janelas, ou fazer terraço ou varanda, a menos de um metro e meio do terreno vizinho não pode ser relativizada, mandando tampar as janelas de uma casa que não respeitava essas condições.

O condomínio é hoje em dia uma forma muito comum de propriedade, com partes exclusivas, como apartamentos, e partes de uso comum, como o hall de entrada e áreas de lazer. Cada condômino deve arcar com sua parte nas despesas do condomínio, não pode usar sua unidade fora da destinação do prédio (residencial ou comercial, por exemplo) e não pode alterar a forma e a cor da fachada. A assembleia dos condôminos deve escolher um síndico, morador ou não, para administrar o condomínio. A chamada Lei do Condomínio, de 1964, regula a parte que não foi não disciplinada no Código Civil.

Há outras formas de condomínio, como aquele em lotes ou em multipropriedade. Neste último, cada condômino pode usar o imóvel por um tempo fixo, alternadamente. É o caso dos quartos de alguns hotéis de veraneio ou de inverno, onde os proprietários têm direito de se hospedar num período determinado, certo mês, por exemplo. É complexo também o regime da chamada propriedade ou alienação fiduciária, em que o comprador perde a propriedade se não pagar a dívida assumida.

Uma inovação do Código Civil é o regime do fundo de investimento, condomínio destinado à aplicação de recursos financeiros. Este fica sob supervisão das autoridades monetárias, especialmente a Comissão de Valores Mobiliários (CVM).

O usufruto é muito utilizado. É comum os pais doarem um imóvel aos filhos, reservando para si o usufruto vitalício, que lhes dá o direito à posse, uso, administração e percepção dos chamados frutos ou rendimentos enquanto vivam. Evitam, assim, que o imóvel tenha de ir a inventário e partilha após seu falecimento. Se os usufrutuários alugarem o imóvel, terão direito a receber o valor dos aluguéis. Termina o usufruto, normalmente, por renúncia, por morte do usufrutuário ou no fim do prazo estabelecido.

Na compra de um imóvel, é comum haver uma garantia hipotecária, para segurança da dívida decorrente da aquisição. O próprio imóvel pode servir de garantia da dívida.

Finalmente, uma lei de 2017 criou o chamado direito de laje, em que proprietário de uma construção, uma casa ou um prédio, por exemplo, cede a superfície superior (laje) ou a superfície inferior de sua construção a fim de que outra pessoa, o titular da laje, mantenha unidade imobiliária autônoma, como uma nova moradia, distinta daquela originalmente construída sobre o solo.

Como se vê, a disciplina da propriedade é complexa, o que reflete a importância que nossa civilização dá aos bens materiais. O sonho de ter casa própria ainda é compartilhado por muitos, a ideia de um lugar seu para morar costuma ser sinônimo de sucesso e segurança material.

10
Vivendo de aluguel

O direito à moradia foi incluído entre os direitos sociais previstos na Constituição por uma emenda de 2000. Originalmente, os direitos assegurados eram a educação, a saúde, o trabalho, o lazer, a previdência social, a proteção à maternidade e à infância e ainda a assistência aos desamparados. A Emenda de 2010 acrescentou também o direito à alimentação. Outra, de 2015, incluiu o direito ao transporte entre os direitos sociais assegurados na Constituição.

A grande inovação das constituições do século XX, especialmente depois do fim da Segunda Guerra Mundial, em 1945, foi a consagração de direitos econômicos e sociais. Acontece que, enquanto a proteção da liberdade individual exige essencialmente uma abstenção do Estado, a garantia dos direitos sociais depende de iniciativas concretas da sociedade e do Estado, que dependem da alocação de recursos públicos, sempre limitados.

Em matéria de habitação, apesar dos programas de governo, existe um déficit de mais de 7 milhões de moradias no Brasil. O sonho da casa própria fica ainda mais distante em momentos de crise econômica, agravada pelo crédito escasso e pelo desemprego.

Quem não tem casa própria acaba vivendo de aluguel. Há também pessoas que, embora tenham condições de comprar um imóvel, preferem investir seu dinheiro em outras coisas, mercado financeiro, por exemplo, e alugar um imóvel para morar.

O Brasil teve inúmeras leis regulando o aluguel de imóveis, sendo a primeira de 1921, sempre numa tentativa de dar equilíbrio às relações entre o proprietário e o inquilino. Tivemos momentos de aluguéis caros e poucas garantias para os locatários. Houve fases em que era impossível reajustar o aluguel para acompanhar a inflação, e em que era muito difícil retomar o imóvel, mesmo depois do fim do prazo contratual.

Hoje, as relações locatícias (relativas ao aluguel) são reguladas pela Lei do Inquilinato, de 1991, que teve alterações importantes em 2009, especialmente para agilizar a ação de despejo, que permite ao proprietário reaver o imóvel em determinados casos.

O contrato de locação tem prazo ajustado entre as partes. Nesse período, o locador não pode retomar o imóvel. Se o inquilino sair antes do prazo, deve pagar uma multa, a menos que seja transferido por seu empregador para trabalhar em outra localidade.

O aluguel pode ser livremente combinado entre as partes, mas os reajustes obedecem a leis específicas. Em caso de locação para temporada, o locador pode exigir pagamento antecipado do aluguel.

As locações com prazo de 30 meses ou mais terminam quando atingido esse prazo, sem necessidade de qualquer aviso. Se o prazo da locação for inferior a 30 meses, a prorrogação por prazo indeterminado é automática, e só em casos expressamente previstos o aluguel pode ser encerrado, como nas hipóteses de uso próprio, reforma estrutural, ou se a locação ultrapassar cinco anos. Após três anos de vigência da locação, tanto o locador como o locatário podem pedir a revisão judicial do aluguel, a fim de ajustá-lo ao preço de mercado.

Se o proprietário quiser vender o imóvel, deve primeiro oferecê-lo em igualdade de condições ao inquilino, que pode então exercer esse direito de preferência no prazo de 30 dias. Se o locador vender o imóvel a terceiros, o novo proprietário pode pedir a desocupação pelo inquilino no prazo de 90 dias, salvo se o contrato tiver cláusula que assegure a continuidade da locação e tenha sido averbado no Registro de Imóveis.

A locação pode ser desfeita por mútuo acordo, por violação contratual ou em decorrência da falta de pagamento do aluguel.

Em casos de separação de fato, separação judicial, divórcio ou dissolução da união estável, a locação residencial prosseguirá automaticamente com o cônjuge ou companheiro que permanecer no imóvel.

As despesas ordinárias de condomínio são pagas pelo inquilino, mas as extraordinárias competem ao proprietário, inclusive aquelas referentes a reforma, pintura, instalação de novos equipamentos, decoração e paisagismo no edifício, bem como constituição do fundo de reserva.

O inquilino não pode alterar o uso do imóvel, de residencial para comercial, por exemplo. Não pode também modificar a forma interna ou externa do imóvel sem o consentimento prévio e por escrito do locador. Ele deve, também, permitir a vistoria do imóvel pelo locador e a visita por eventuais interessados na compra. E, claro, pagar as contas de água, luz, condomínio e os impostos, como o IPTU.

O locador pode exigir garantias, caução, fiança ou seguro de fiança locatícia, cada vez mais comum, mas nunca mais de um tipo de garantia.

É contravenção penal, punível com prisão ou multa, exigir valor além do aluguel, exigir mais de um tipo de garantia ou cobrar aluguel antecipado, salvo nas hipóteses autorizadas, como no caso da locação para temporada. Deixar, nas habitações coletivas, de fornecer recibo detalhado é crime, com pena de até um ano de detenção. Fraudar motivos alegados para retomada do imóvel também.

Nas locações não residenciais, destinadas ao comércio, indústria ou sociedades civis com fim lucrativo, como as clínicas médicas ou os escritórios de advocacia, o inquilino tem o direito à renovação do contrato de aluguel após cinco anos. Tem mesmo direito o locatário pessoa jurídica, quando o imóvel for para uso de seus titulares, diretores, sócios, gerentes, executivos ou empregados. Fora dessas hipóteses, o contrato de locação não residencial por prazo determinado cessa ao fim do período contratual, independentemente de notificação ou aviso. Há regras mais rígidas na locação para hospitais, asilos, estabelecimentos de saúde e de ensino e para entidades religiosas. Há também regras específicas para as relações entre lojistas e empreendedores de shopping center.

A locação ocupa um lugar importante na esfera das relações comerciais e econômicas, garantindo moradia para quem não tem casa própria e, muitas vezes, garantindo a subsistência do proprietário que não ocupa o imóvel. No panorama atual das leis de inquilinato e condomínio, há regras relativamente claras que procuram disciplinar de maneira equilibrada as relações locatícias. O bom senso e a cordialidade também são fundamentais no relacionamento entre o inquilino e o proprietário, evitando desnecessariamente o incômodo e demorado recurso à justiça. A jurisprudência entende que a análise de norma condominial restritiva deve ser razoável e não agredir o direito de propriedade.

Uma das novidades a desafiar o direito é o modo de tratar o aluguel por aplicativos tipo Airbnb e outros. Alguns condomínios residenciais querem impedir a locação temporária de apartamentos por meio de aplicativos, alegando que se trata de locação comercial, na modalidade de hospedagem, e não mais residencial. Discute-se, assim, se a convenção de condomínio pode proibir esse tipo de locação. A jurisprudência começa apenas a enfrentar o problema.

A economia compartilhada, na verdade, acarreta uma mudança de paradigmas, com as novas plataformas de intermediação em que se situam, além do Airbnb, o Uber, o Booking e o Decolar. Novos problemas para uma sociedade que cada vez mais utiliza e até mesmo depende do digital.

11
Hora de trabalhar

Todos trabalhamos, de uma maneira ou de outra. Não há outro modo honesto de ganhar a vida e se sustentar, salvo os raros casos de fortunas herdadas. Até administrar um patrimônio, entretanto, é uma forma de trabalho, nem sempre livre de estresse.

Superado o triste período da escravidão, com a Lei Áurea de 1888, surgiram as primeiras e ainda tímidas regras trabalhistas, que protegiam especialmente menores, ferroviários e tratavam de férias. Mas a proteção mais ampla do trabalhador só viria com a Consolidação das Leis do Trabalho (CLT), de 1943, em vigor até hoje, com muitas modificações, especialmente as da chamada Reforma Trabalhista de 2017.

A Revolução Industrial do século XIX foi marcada, na Europa, pela miserabilidade dos trabalhadores, inclusive crianças e mulheres, explorados em jornadas de trabalho de até 16 horas, com baixos salários e nenhuma proteção. Surgiram depois as primeiras regras de proteção às mulheres e aos menores e, mais tarde, o reconhecimento dos sindicatos.

Já no século XX, o clássico filme *Tempos modernos*, de Charles Chaplin, de 1936, mostra a perturbadora rotina de um operário numa linha de montagem industrial. A partir do fim da Segunda Guerra Mundial, em 1945, novos direitos sociais foram sendo incorporados às constituições democráticas, inclusive a brasileira de 1946, e as coisas começaram a mudar. As sociedades modernas, definiu o constitucionalista Georges Burdeau, são concebidas como sociedades de trabalhadores.

A Constituição de 1988 tem como fundamento os valores sociais do trabalho e da livre iniciativa, e consagra 32 direitos sociais dos trabalhadores urbanos e rurais, a maioria assegurados também aos trabalhadores domésticos.

Vários desses direitos são relativos à remuneração, como salário mínimo, piso salarial, irredutibilidade do salário e participação nos lucros. A remuneração do trabalho noturno deve ser superior à do diurno. É previsto também adicional para as atividades penosas, insalubres ou perigosas. A própria Constituição, entretanto, admite a flexibilização de certas regras, mediante acordo dos sindicatos, para evitar desemprego em determinadas situações.

É proibido o trabalho noturno (o intervalo entre 22h e 5h), perigoso ou insalubre a menores de 18 anos. O menor só pode trabalhar a partir de 16 anos. Como aprendiz, entretanto, desde os 14 anos.

A isonomia é a regra. São proibidas: diferença de salários, de exercício de funções e de critério de admissão por motivo de sexo, idade, cor ou estado civil; qualquer discriminação no tocante a salário e critérios de admissão do trabalhador portador de deficiência; distinção entre trabalho manual, técnico e intelectual ou entre os profissionais respectivos.

O trabalho normal não pode durar tempo superior a 8 horas diárias, e 44 semanais, segundo a Constituição, que assegura igualdade de direitos entre o trabalhador com vínculo empregatício permanente e o trabalhador avulso. A CLT permite até 2 horas extras por dia. A reforma trabalhista de 2019 admite que o trabalhador possa ficar até 12 horas em atividade. Mediante acordo de compensação, ou sistema de banco de horas, as 4 horas do sábado podem ser distribuídas ao longo da semana ou anotadas para posterior compensação.

Há proteção contra demissão arbitrária ou sem justa causa, além de seguro-desemprego, fundo de garantia do tempo de serviço e aviso prévio mínimo de 30 dias. O empregado acidentado, a gestante e o portador de HIV têm estabilidade garantida pela lei.

Na demissão por justa causa, o empregado perde a maioria dos direitos previstos para o caso da demissão imotivada. Constituem faltas que caracterizam a justa causa atos de improbidade, insubordinação, desleixo e divulgação de informações confidenciais, entre outros. Foi considerada justa causa para a demissão, por exemplo, a postagem de ofensas à empresa e a outros funcionários em rede social.

Quanto aos demais direitos, a antiga estabilidade foi substituída pelo Fundo de Garantia por Tempo de Serviço (FGTS). A empresa deve depositar mensalmente 8% da remuneração do empregado em uma conta vinculada, para garantir uma futura reserva. Esses recursos devem ser aplicados em habitação popular, saneamento básico e infraestrutura urbana. A remuneração desses recursos, que pertencem aos trabalhadores, frequentemente é inferior aos parâmetros de mercado.

Os principais benefícios assegurados a todos os trabalhadores são o décimo terceiro salário, o salário-família, o repouso semanal remunerado, preferencialmente aos domingos, e o gozo de férias anuais remuneradas com, pelo menos, um terço a mais do que o salário normal. O empregado pode pedir um terço das férias em dinheiro (abono pecuniário).

A licença à gestante, sem prejuízo do emprego e do salário, tem duração de 120 dias. O prazo da licença-paternidade é de 5 dias corridos.

Os direitos trabalhistas foram sendo conquistados pouco a pouco, ao longo da história, mas ao mesmo tempo ocupam um peso importante no custo da produção. O setor produtivo não se conforma com o alto custo dos encargos trabalhistas e tributários. Alguns países, como os Estados Unidos, não asseguram praticamente nenhuma garantia ao trabalhador, que pode ser livremente dispensado sem nenhuma indenização.

Mesmo o seguro de saúde é de responsabilidade do empregado.

Uma das características do mundo atual, efetivamente, é a crise do emprego, decorrente tanto da globalização como das sucessivas crises econômicas. Surgiram, também, formas novas, graças à tecnologia, como o trabalho à distância (*home office*). E há uma progressiva substituição de mão de obra humana por máquinas e robôs.

Segundo o Instituto Brasileiro de Geografia e Estatística (IBGE), a informalidade no país atinge quase 40 milhões de pessoas e o número de trabalhadores por conta própria supera 24 milhões, um novo recorde.

O trabalho pode ser fonte de realização e de integração social, mas os sociólogos reconhecem que suas condições podem ser penosas, acarretando desgaste físico e mesmo depressão em certas circunstâncias.

Há jovens que não querem emprego formal e optam pelo empreendedorismo, abrindo *startups*, por exemplo, onde trabalham sem vínculo de subordinação e sem horários obrigatórios. Mais uma vez, as possibilidades abertas pela internet facilitam tal opção.

Muitas empresas, entretanto, estão se adaptando para conquistar e reter talentos, não apenas com salários, mas também com melhoria de qualidade do ambiente de trabalho, horários flexíveis e um clima de igualdade e respeito.

Para o jovem, é cada vez mais importante procurar um trabalho que corresponda aos seus propósitos de vida e valores, e que não seja oposto às suas crenças e ao seu modo de ser. Tenta-se, assim, conciliar o mundo do trabalho com a busca de felicidade pessoal.

Visando a uma adaptação à nova e dura realidade social e econômica, veio a chamada Reforma Trabalhista, de 2017, muito criticada por vários setores, mas vista por outros como necessária. Seu propósito foi o de buscar flexibilizar a legislação, dando mais espaço às negociações coletivas para disciplinar as relações de trabalho, ainda que de forma diferente da prevista na lei. É a chamada "prevalência do negociado sobre o legislado", que só não se aplica aos assuntos expressamente definidos na lei e que, de modo geral, são os direitos consagrados na Constituição Federal.

Na mesma época, uma lei ampliou a possibilidade de terceirização, até então muito restrita no Brasil. Terceirização consiste em transferir parte das atividades de uma empresa para outra, que fornece mão de obra à primeira, em caráter temporário ou permanente. Pode também consistir no fornecimento de bens e serviços. O trabalho temporário foi regulamentado por um decreto de 2019, que o define como "aquele prestado por pessoa física contratada por uma empresa de trabalho temporário que a coloca à disposição de uma empresa tomadora de serviços ou cliente, para atender à necessidade de substituição transitória de pessoal permanente ou à demanda complementar de serviços".

A Reforma criou a figura da rescisão contratual por mútuo acordo e acabou com a contribuição sindical obrigatória. O quadro contemporâneo é o de altas cifras de desemprego, ao lado de um grande número de pessoas fora do mercado formal de trabalho, com carteira assinada, como se diz.

A condição de autônomo do trabalhador afasta seu enquadramento como empregado, desde que não haja cláusula de exclusividade na prestação de serviços e subordinação jurídica ao tomador dos serviços.

A existência de cláusula de exclusividade no trabalho autônomo não implica necessariamente o enquadramento como empregado. Ela pode ser um indício, dentre outros, a ser considerado pelo juiz numa eventual discussão sobre a existência ou não de subordinação e, consequentemente, vínculo empregatício em cada caso concreto. O mesmo se aplica à contratação de pessoa jurídica (a chamada "pejotização").

Os direitos dos empregados domésticos são, desde 2015, quase iguais aos dos demais trabalhadores. Os encargos do empregador foram considerados muito altos, pois a contribuição previdenciária é de 8%, mais 8% do FGTS, mais 3,2% relativos à eventual demissão e, ainda, 0,8% para financiar seguro contra acidente de trabalho. Quando o empregado doméstico pernoita no trabalho, moradia condigna deve ser oferecida.

O Código Penal pune severamente o crime de redução a condição análoga à de escravo, que consiste em submeter o empregado a trabalhos forçados ou a jornada exaustiva, sujeitando o trabalhador a condições degradantes de trabalho, ou restringindo, por qualquer meio, sua locomoção em razão de dívida. Nem se exige aqui violência para configuração do trabalho escravo.

Mesma pena, de até oito anos de reclusão, pode ser aplicada a quem se apodera de documentos ou objetos pessoais do empregado, com o fim de retê-lo no local de trabalho. Existe ainda o crime de frustração de direitos trabalhistas, mediante fraude ou violência, que ocorre, por exemplo, quando o empregador registra um salário mais baixo na carteira de trabalho, causando prejuízo ao trabalhador.

Cientistas têm alertado para a realidade de 50 milhões de brasileiros que estão desempregados ou na informalidade, sem proteção trabalhista ou previdenciária, incluindo o terceirizado, o *freelancer* e o casual.

Num mundo altamente globalizado e competitivo, é difícil conciliar a necessidade de proteger todos os trabalhadores, empregados ou não, mas vai ser preciso encontrar soluções de equilíbrio que evitem um enorme problema social a curto prazo.

A Constituição assegura o direito à aposentadoria, mas os déficits do sistema de previdência e o aumento do tempo de vida das pessoas acabam provocando sucessivas reformas do sistema previdenciário.

Ao mesmo tempo, a Constituição promete proteção em face da automação, mas ainda não há fórmulas para que a promessa se transforme em realidade.

Como se vê, o mundo do trabalho vai se transformando a cada circunstância histórica e vai se moldando a partir do jogo dos interesses em conflito. A garantia dos direitos sociais, efetivamente, nunca se fez sem luta.

12
O tempo do amor

Uma das realidades mais importantes para os seres humanos são as relações afetivas, seja na família, seja as construídas ao longo da vida. Embora esse assunto seja considerado da intimidade de cada um, a verdade é que existem inúmeras regras para disciplinar essas relações e evitar conflitos e abusos.

A Constituição de 1988 reserva todo um capítulo para tratar da família, da criança, do adolescente, do jovem e do idoso, no qual declara que a família é a base da sociedade e merece especial atenção do poder público. Suas regras são depois detalhadas pelo Código Civil de 2002.

Nosso país consagra uma visão ampla da família, reconhecendo como entidade familiar tanto a união estável como a comunidade formada por qualquer dos pais e seus descendentes. O poder público tem o dever de propiciar assistência e de criar mecanismos para coibir a violência nas relações familiares.

União estável é a convivência pública, contínua e duradoura entre os companheiros que devem obedecer, como no casamento, os deveres de lealdade, respeito e assistência, e de guarda, sustento e educação dos filhos. Pode ser reconhecida diante da convivência comprovada ou ser instituída por contrato ou escritura pública, o que comprova sua existência e estabelece com clareza as regras da convivência. Sem contrato ou escritura, a prova da união estável pode gerar controvérsia e demorar. É o que observamos em caso recente, em que os herdeiros de uma figura conhecida contestam a existência de união estável que uma mulher pleiteia na Justiça.

A união estável pode converter-se em casamento, a menos que haja impedimento para sua celebração, como no caso de um dos dois já ser casado. Nesse caso, a união duradoura é tratada como concubinato.

Segundo a Constituição, o casamento é civil, realizado em cartório, e gratuita sua celebração. O casamento religioso pode ter efeitos civis, cumpridos certos requisitos. O casamento civil pode ser dissolvido pelo divórcio.

O casamento se realiza, diz o Código Civil, no momento em que o homem e a mulher manifestam, perante o juiz, a sua vontade de estabelecer vínculo conjugal, e o juiz os declara casados. Qualquer dos noivos, querendo, poderá acrescentar o sobrenome do outro ao seu, ou substituir o seu pelo do outro.

Diferentemente do que se vê nos filmes e novelas, a fórmula solene que deve ser proferida é: "De acordo com a vontade que ambos acabais de afirmar perante mim, de vos receberdes por marido e mulher, eu, em nome da lei, vos declaro casados."

Tanto na união estável como no casamento, a lei fala sempre em união de homem e mulher. O casamento entre pessoas do mesmo sexo, entretanto, é uma realidade, tendo sido autorizado por uma portaria de 2013 do Conselho Nacional de Justiça (CNJ). O Supremo Tribunal Federal (STF) já havia decidido em 2011 que é inconstitucional a distinção de tratamento legal às uniões estáveis constituídas por pessoas de mesmo sexo.

Já a formalização da união múltipla não foi ainda reconhecida. O CNJ proibiu, em 2018, por oito votos a cinco, o registro pelos tabelionatos de uniões estáveis de três ou mais pessoas, considerando que o Supremo Tribunal Federal reconhece a união homoafetiva, mas apenas se for monogâmica.

Podem casar-se os maiores de 18 anos, ou os de 16 anos com autorização dos pais. Há uma série de proibições que caracterizam impedimentos. O mais óbvio é que não podem casar os que já são casados, a menos que tenham se divorciado previamente. O parentesco é o motivo mais comum, impedindo o casamento incestuoso entre pais e filhos, entre irmãos e parentes até o terceiro grau. Nesse último caso, será possível o casamento de tio com sobrinha, ou de tia com sobrinho, por exemplo, mediante exame pré-nupcial que ateste que não haverá prejuízo para os eventuais filhos. Primos-irmãos podem casar-se, pois são considerados parentes de quarto grau.

A bigamia, que consiste no casamento fraudulento de quem já era casado e não se divorciara, é crime punido com até seis anos de reclusão. Já o adultério, embora seja considerado grave violação do dever conjugal, sendo causa para a separação, não é mais considerado crime desde 2005.

Os impedimentos podem ser apresentados por qualquer pessoa até a hora do casamento. Existe um processo de habilitação, perante o oficial de Registro Civil, em que as condições para o casamento são verificadas. São publicados, em seguida, os chamados proclamas, um edital para conhecimento público e eventual apresentação de impedimentos.

O casamento pode ser celebrado por procuração de um dos noivos. Se um deles, até por brincadeira, declarar que não quer se casar, ou que está arrependido, não pode retratar-se no mesmo dia e o casamento tem de ser adiado. Melhor evitar essa brincadeira de mau gosto.

Em caso de doença grave, ou iminente risco de vida, o casamento pode ser realizado sem as formalidades usuais, na presença de seis testemunhas. Tal casamento é chamado de nuncupativo, num dos mais estranhos vocábulos que a ciência jurídica consagra, mas também pode ser descrito como oral, nominal ou verbal.

Prova-se o casamento, normalmente, pela certidão de seu registro. Pode ser judicialmente declarada sua nulidade se houver sido contrariado algum impedimento legal. Embora seja difícil, há casos em que o casamento é anulável, por iniciativa de um dos dois cônjuges.

O caso mais dramático é o de coação ou ameaça de mal considerável e iminente para a vida, a saúde e a honra, sua ou de seus familiares. E o mais frequente é o do chamado erro essencial, quando após o casamento se descobre um erro que torne insuportável a vida em comum, como no caso de certos crimes anteriores ao casamento ou de defeito físico irremediável capaz de pôr em risco a saúde do cônjuge ou dos filhos.

Os direitos e deveres referentes à sociedade conjugal são exercidos igualmente pelo homem e pela mulher, sem qualquer distinção. Ambos são obrigados a concorrer para o sustento da família e a educação dos filhos, na proporção de seus bens e dos rendimentos do trabalho.

Também os filhos, havidos ou não da relação do casamento, ou por adoção, não podem sofrer qualquer tipo de discriminação. Eles têm os mesmos direitos e qualificações, proibidas quaisquer designações discriminatórias relativas à filiação. Todos têm hoje os mesmos direitos.

A Constituição assegura a liberdade de planejamento familiar, por livre decisão do casal, com base no princípio da paternidade responsável. Incumbe ao Estado fornecer os recursos educacionais e científicos para tanto. É proibida qualquer forma de controle de natalidade imposta por instituições oficiais ou privadas, inclusive e especialmente esterilização ou laqueadura forçada.

Quem se casou antes de janeiro de 1977, quando entrou em vigor a Lei do Divórcio, tem seu regime de bens mantido na forma anterior. Já podiam os noivos, por pacto antenupcial, lavrado em escritura pública, estipular o que quisessem quanto a seus bens. Na ausência dessa combinação, entretanto, prevalecia o regime da comunhão universal de bens. Neste, comunicam-se todos os bens presentes e futuros dos cônjuges, passando a pertencer ao casal. Em caso de separação, assim, cada um teria direito à metade de todos os bens, pouco importando se havidos antes ou depois do casamento, por herança, doação etc.

Já atualmente, na ausência de pacto antenupcial, prevalece o regime de comunhão parcial. Neste, não entram no patrimônio comum os bens que cada cônjuge possuía antes de casar, os que receber por doação ou herança e aqueles comprados com o produto da venda desses bens particulares. Não se comunicam, também, os bens de uso pessoal, como livros e discos, e os proventos do trabalho pessoal de cada um.

Na hora de fazer a escritura de união estável já se pode escolher o regime de bens. Caso essa escolha não conste do documento, o regime é o da comunhão parcial de bens.

Fazem parte do patrimônio comum os bens comprados após o casamento, ou durante a união estável, mesmo que só em nome de um dos cônjuges.

Continua existindo o regime da comunhão universal, desde que estabelecido em escritura pública de pacto antenupcial. O regime de separação de bens é obrigatório para os maiores de 70 anos, ou pode ser escolhido no pacto antenupcial. Neste, os bens de cada cônjuge continuam da propriedade exclusiva de cada um, que podem livremente vendê-los. Cada um, entretanto, é obrigado a contribuir para as despesas do casal, na proporção dos rendimentos de seu trabalho e de seus bens.

Assim como a Constituição obriga os pais a assistir, criar e educar os filhos, também estabelece que filhos maiores têm o dever de ajudar e amparar os pais na velhice, carência ou enfermidade.

Tanto a família como a sociedade e o Estado têm o dever de amparar as pessoas idosas, com programas executados preferencialmente em seus lares. A gratuidade dos transportes coletivos urbanos é um direito constitucional assegurado aos maiores de 65 anos.

O direito de família tem sofrido constantes alterações para acompanhar as mudanças no modo como as pessoas vivem e se relacionem. A Lei do Divórcio é de 1977, e sua configuração atual decorre de uma emenda constitucional de 2010. O casamento homoafetivo foi admitido em 2013. A dinâmica social é muito mais rápida do que a legislação e as mudanças ocorrem constantemente. Mesmo que a lei não mude, os hábitos vão se alterando e a jurisprudência dos tribunais acaba acompanhando, ainda que às vezes timidamente, muito antes que o legislador tome conhecimento delas.

13
Quando o amor acaba

O término de muitas uniões é uma realidade cotidiana. Cerca de um milhão de casamentos ocorrem por ano em nosso país, e as separações chegam perto de 350 mil. Segundo o IBGE, a cada ano há menos casamentos e mais divórcios, a maioria após 14 anos de união.

A separação, ainda que desejada, é quase sempre um episódio bastante difícil, tanto para o casal como para os filhos. Muitas vezes, gera ódios e rancores, especialmente quando um dos cônjuges se sente traído ou humilhado. Mas, sendo inevitável, a separação será menos dolorosa se for tratada com a maior racionalidade possível, inclusive com recurso à mediação e, se necessário, ajuda psicológica.

Fora os raros casos de anulação, o fim do casamento pode ocorrer pela morte de um dos cônjuges, pela separação judicial ou pelo divórcio. A principal diferença é que o divórcio dissolve por completo o casamento, permitindo que os ex-cônjuges possam contrair novo casamento. Na simples separação judicial, o casal pode voltar atrás e restabelecer o casamento, a qualquer tempo. Já o divórcio não pode ser desfeito. Tudo o que o antigo casal pode fazer, em caso de mudança de opinião, é repetir seu casamento.

Tanto a separação judicial como o divórcio podem ser feitos sem litígio, por mútuo consentimento ou acordo. A separação é mais simples quando o casal não tem filhos menores. As questões mais comuns que surgem na separação são a da guarda dos filhos, da eventual pensão e dos bens a serem partilhados.

A lei permite, desde 2007, que tanto a separação como o divórcio consensual possam ser feitos por escritura pública, desde que não haja filhos menores ou incapazes. A escritura deve conter a descrição e divisão dos bens comuns e a eventual pensão alimentícia, além de declarar se vai ser mantido o sobrenome eventualmente adotado por ocasião do casamento. A partir de 2010, também não é mais exigida prévia separação do casal.

Caso haja filhos menores, a separação e o divórcio consensuais devem ser homologados por um juiz. Não havendo acordo, qualquer dos cônjuges pode propor ação de separação ou de divórcio, atribuindo ao outro qualquer ato que importe grave violação dos deveres do casamento e torne insuportável a vida em comum. Não basta, porém, a chamada incompatibilidade de gênios ou a infelicidade conjugal.

Antes de propor a ação, o cônjuge pode requerer ao juiz medida cautelar de separação de corpos, de guarda provisória dos filhos e de alimentos provisionais.

Cabe a separação se houver ruptura da vida em comum há mais de um ano, sendo impossível a reconstituição. Também em caso de doença mental grave, de cura improvável, do outro. O juiz pode considerar quaisquer fatos que caracterizem a impossibilidade da vida em comum, mas a lei já prevê como causas para a separação o adultério, a tentativa de morte, maus-tratos físicos ou morais, abandono do lar por mais de um ano, condenação por crime infamante e qualquer conduta desonrosa.

Independentemente de prazo, qualquer das partes pode requerer a conversão da separação em divórcio. A sentença de conversão em divórcio não conterá referência à causa que determinou a separação.

Podem também os cônjuges pleitear o divórcio direto, pelas mesmas razões que justificam a separação, sem ter que primeiro separar-se. A separação judicial, o divórcio e a dissolução da união estável não alteram as relações entre pais e filhos, a não ser no que se refere à guarda e companhia. Na união estável, a separação deve ser feita perante a Justiça, se houver filhos menores. Caso contrário, pode ser feita por contrato ou escritura pública, sendo esta imprescindível quando existam bens imóveis.

Durante o casamento e a união estável, o poder familiar compete aos pais, mas em caso de separação, a guarda dos filhos e o direito de visitas devem ser regulados.

A guarda dos filhos pode ser unilateral ou compartilhada, fórmula cada vez mais adotada nas separações. Nesta última, o tempo de convívio dos filhos deve ser dividido de forma equilibrada entre a mãe e o pai, sempre tendo em vista as possibilidades e interesses dos menores.

A decisão sobre a guarda pode ser tomada em conjunto pelos pais, mas, em caso de divergência, será decidida pelo juiz, sempre tendo como critério o melhor para a criança. O Tribunal de Justiça do Distrito Federal chegou a manter o compartilhamento da guarda e das despesas de uma cadela de raça, embora um dos ex-cônjuges sustentasse que o outro não cuidava adequadamente do animal.

O pai, a mãe e os avós com quem não estejam os filhos poderão visitá-los e tê-los em sua companhia, na forma combinada ou fixada pelo juiz. Para a manutenção dos filhos, os cônjuges separados judicialmente contribuirão na proporção de seus recursos.

Por ocasião da separação, devem ser fixados os alimentos necessários aos filhos, inclusive os indispensáveis à sua educação. O critério é sempre o da possibilidade de quem deve pagar e das necessidades dos alimentandos. Mas os alimentos devidos aos filhos são obrigatórios.

O cônjuge separado pode pedir alimentos se não tiver meios de prover à própria subsistência, não tendo bens suficientes, nem trabalho que assegure seu sustento. O juiz pode fixar essa pensão, que cessa em caso de nova união.

A fixação de alimentos costuma ser um dos pontos mais controvertidos nas separações. Há pessoas que, preparando a separação, aumentam exageradamente os gastos para demonstrar maior padrão de vida do casal. E outras que se desfazem ou escondem recursos financeiros para não demonstrar riqueza.

Em caso de litígio, os sinais externos de riqueza podem ser utilizados para avaliação de necessidades e possibilidades.

A separação acarreta também a partilha dos bens do casal, de acordo com o regime matrimonial adotado. No da separação total, cada um fica com seus próprios bens. No da comunhão total, cada um deve receber a metade. No da comunhão parcial, também cabe metade a cada um, excluídos aqueles bens que não entram no patrimônio do casal.

A partilha costuma ser igualmente controvertida, em especial quando os bens são valiosos e falta equilíbrio para resolver as coisas amigavelmente.

No caso de separações litigiosas, muitos magistrados encaminham o casal a um setor de mediação de conflitos. Existem unidades de mediação em alguns fóruns, e também há possibilidade de mediação privada, com um especialista. A mediação tem obtido excelentes resultados, ao conseguir acordos razoáveis em que nenhuma das partes se sente prejudicada. Ao mesmo tempo, libera um tempo precioso que o juiz pode dedicar a questões complexas.

Se a separação e o divórcio são sempre difíceis, menos o serão se os cônjuges procurarem resolver as coisas com bom senso e de comum acordo. Nada pior do que uma briga judicial em que estão em jogo não apenas os interesses do casal e dos filhos, mas a vaidade, o orgulho e o espírito de vingança que podem pôr tudo a perder.

14
Herança e testamento

As pessoas podem ter bens, móveis ou imóveis, aplicações e dinheiro, pois a Constituição garante o direito de propriedade. Quando morrem, qual o destino desses bens? Como a Constituição garante também o direito à herança, o patrimônio do falecido (o assim chamado "de cujus") transmite-se aos herdeiros.

Os herdeiros devem recolher um imposto sobre o que recebem, o Imposto de Transmissão Causa Mortis (ITCMD). Em muitos países, esse imposto é altíssimo, podendo chegar a 70%, quase um confisco. No Brasil, a alíquota máxima é de 8%, já adotada em vários estados, como Rio de Janeiro, por exemplo. Em São Paulo, esse imposto ainda é de 4%, embora sempre se discuta sua possível elevação.

A novidade do Código Civil de 2002 é que agora o cônjuge sobrevivente, ou seja, o viúvo ou a viúva, também é herdeiro, em algumas situações, desde que o casal não estivesse separado.

Embora o Código Civil tenha dado tratamento diferente à herança nos casos de casamento e de união estável, a jurisprudência tem equiparado as duas situações e mandado aplicar o mesmo regime previsto para o casamento também à união estável.

A primeira coisa a verificar, então, em caso de falecimento é o regime de bens do casamento. Se for o da comunhão universal, metade de todos os bens, a chamada meação, pertence ao cônjuge que sobreviveu, o viúvo ou a viúva. A outra metade dos bens constitui a herança e é destinada aos herdeiros. Nesse caso, o cônjuge sobrevivente não é considerado herdeiro pela lei. O sobrevivente fica com sua metade dos bens e os outros 50% são divididos entre os herdeiros. Se o casamento for no regime da comunhão parcial de bens, o sobrevivente tem direito à meação, ou seja, à metade dos bens comuns, e é considerado um dos herdeiros dos bens particulares do falecido.

A herança, a ser dividida entre o cônjuge e os demais herdeiros, abrange assim os bens que o falecido possuía antes de casar e os que tenha recebido por doação ou herança, além daqueles de uso pessoal.

No regime da separação obrigatória de bens, imposto aos maiores de 70 anos, também o viúvo ou a viúva não são considerados herdeiros, e nem tem direito a qualquer parte do patrimônio do outro, posto que cada um tem seu patrimônio separado. Há decisões, entretanto, que dão à separação obrigatória o mesmo tratamento da separação consensual.

No regime da separação consensual de bens, decidido livremente pelo casal, surgiu grande controvérsia quanto à solução a ser adotada. Parte da jurisprudência entendeu que o tratamento deveria ser igual ao da separação obrigatória, pois esta havia sido a vontade do casal. A solução adotada, entretanto, foi de que na separação consensual, embora não haja meação (já que cada cônjuge conservou a propriedade dos próprios bens), o sobrevivente se inclui entre os herdeiros do falecido. A jurisprudência a respeito do regime de separação, entretanto, é complexa e pode mudar.

Qualquer que seja o regime de bens, o cônjuge sobrevivente também pode continuar a morar no imóvel de residência da família. Como se vê, as questões da sucessão hereditária são bastante complicadas.

Outro fator importante é verificar se o falecido deixou testamento. Metade dos seus bens, a chamada legítima, deve ser destinada aos eventuais herdeiros necessários, que são os descendentes, os ascendentes e o cônjuge.

A outra metade pode ser destinada pelo testador a quem quiser, um dos herdeiros, uma pessoa de sua amizade ou qualquer pessoa física ou jurídica, como uma associação de caridade, por exemplo.

Tradicionalmente, se a pessoa não tiver feito testamento, a

herança vai para os filhos e, na falta deles, aos netos. Em não havendo descendentes, a herança vai para os ascendentes, em geral os pais do falecido.

A partir de 2002, como mencionado, o viúvo ou a viúva também são herdeiros, a menos que o regime de bens do casamento exclua essa hipótese. A parte do sobrevivente deve ser igual à dos demais herdeiros. Assim, se forem três os filhos do falecido, e não houver testamento, a herança divide-se por quatro, ficando um quarto para o cônjuge sobrevivente. Se for um filho só, o sobrevivente fica com metade da herança e esse filho com a outra metade.

Se os herdeiros, incluindo o viúvo ou viúva, forem cinco, cada um receberá 20% dos bens. Mas se os herdeiros forem também filhos do cônjuge sobrevivente, ou seja, filhos do casal, o viúvo ou a viúva receberá 25% e os demais terão que dividir os 75% restantes por quatro, ficando cada um com 18,75%.

Qualquer dos herdeiros pode renunciar ao seu direito à herança. Nesse caso, os bens serão repartidos entre os demais. Às vezes, a renúncia se deve a que o herdeiro que abre mão de sua parte tem dívidas que

podem consumir tudo o
que lhe cabe. Nesse caso,
seus credores podem se insurgir e pedir autorização ao
juiz para receber diretamente o
quinhão do herdeiro renunciante.

Se um dos herdeiros tiver falecido, seus filhos ou netos têm direito
à sua parte na herança, no exercício do
chamado direito de representação.

Na falta de descendentes e ascendentes
do falecido, todos os bens vão para o viúvo
ou a viúva. Se não houver cônjuge sobrevivente, a herança vai para parentes mais distantes,
colaterais até o quarto grau.

Não sobrevivendo cônjuge, ou companheiro,
nem parente algum sucessível, ou tendo eles renunciado à herança, esta se devolve ao poder público.

Se os herdeiros forem capazes, poderão
fazer partilha amigável, por escritura pública, termo nos autos do inventário, ou escrito particular, homologado pelo juiz.
Será judicial, entretanto, a partilha dos
bens se não houver acordo entre os
herdeiros ou se um deles for menor ou incapaz.

É frequente, infelizmente, que o luto pela morte de
um parente seja substituído
pela briga pela herança.

15
Ninguém gosta de pagar impostos

Não conhecemos ninguém que goste de pagar impostos, atividade que nos é imposta para alimentar o insaciável Leão da Receita.

O princípio é que o Estado cobra os impostos para poder prestar os serviços necessários à população. Na prática, o Estado se agigantou, com milhares de empregados públicos e enormes despesas de custeio, que consomem praticamente todo o orçamento, não deixando senão uma margem ínfima para investimento e modernização.

Ao mesmo tempo, o sistema tributário é de altíssima complexidade. Pagamos muitos impostos, alguns diretos, como o imposto de renda, outros indiretos, como os de circulação de mercadorias e serviços ou sobre produtos industrializados.

A carga tributária é pesada para os cidadãos, e sempre insuficiente para o Estado. Um tema em permanente discussão é a possível reforma tributária, basicamente para simplificar o sistema. Com a arrecadação atual, os governos já não estão dando conta das despesas obrigatórias e não há nenhum plano consistente para reduzir as despesas públicas.

O imposto básico na vida do cidadão é o imposto de renda, em parte descontado na fonte, ou seja, retirado mês a mês dos salários. Por ocasião da declaração anual, verifica-se se ainda há imposto a pagar, ou se o contribuinte tem direito à restituição do que foi pago a mais à Receita Federal.

Inquilinos ou proprietários, todos temos que pagar às prefeituras o Imposto Predial e Territorial Urbano (IPTU). Proprietários de carro ou moto devem recolher anualmente aos estados o Imposto sobre a Propriedade de Veículos Automotores (IPVA).

Entre os impostos federais, devidos à União, estão o IPI, sobre produtos industrializados, o ITR, sobre a propriedade territorial rural, o IOF, sobre operações financeiras, e os de importação e exportação. Os estados cobram, além do IPVA, o ICMS, sobre circulação de mercadorias e serviços, e o ITCMD, imposto sobre as heranças e doações.

Os municípios exigem,

além do IPTU, o ITBI, sobre a transmissão de bens imóveis, e o ISS, imposto sobre serviços.

Isso tudo sem falar nas incontáveis taxas e contribuições que são devidas pelos cidadãos e pelas empresas, tais como PIS, Cofins, Cide, Condecine etc.

Cada um desses tributos deve obedecer a regras gerais que estão na Constituição, que disciplina detalhadamente o sistema tributário, e no Código Tributário Nacional. Além disso, cada um deles é tratado em leis específicas, decretos e inúmeras portarias ou orientações dos órgãos de arrecadação.

Essa complexidade tem um peso, pois as empresas são obrigadas a manter vários funcionários para tentar entender o sistema e cumprir todas as regras relativas aos impostos. Para as pessoas comuns e pequenas empresas, além de pesar no orçamento, os impostos são um pesadelo dadas as dificuldades burocráticas envolvidas.

Alguns contribuintes, revoltados com o imposto, procuram modos de não pagar. O risco é grande, pois além de ser obrigado a pagar com multa, o sonegador pode ser condenado a uma pesada pena de prisão, caso tenha utilizado meios fraudulentos para suprimir ou reduzir tributo.

Até mesmo o contribuinte que declara o valor de um tributo indireto, como o ICMS, cobrado do consumidor e devido aos cofres públicos, mas não o recolhe ao fisco, pode ser condenado criminalmente, segundo orientação que agora se delineia no STF e no STJ.

A particularidade do crime tributário é que o pagamento do tributo, com a multa e demais encargos, extingue a punibilidade, ou seja, elimina a possibilidade de condenação penal. Discute-se, entretanto, a possibilidade de uma lei que elimine essa vantagem.

Com o avanço da informatização dos órgãos fazendários, e o uso de inteligência artificial e cruzamento de informações, ficou muito mais difícil escapar ao controle dos governos. Acabamos pagando os tributos, muitos impostos, taxas e contribuições, mesmo a contragosto.

Há, no mundo todo, inúmeras questões de alta complexidade em matéria tributária, como a taxação das grandes fortunas, do consumo, dos serviços ou da renda, das transações internacionais e, agora, das prestações de serviços digitais que operam em bases globais, como Netflix, Google, Facebook, Linkedin e tantos outros, que movimentam valores astronômicos.

A Organização para Cooperação e Desenvolvimento Econômico (OCDE) pretende propor um conjunto de propostas sobre a tributação da economia digital, especialmente em relação à tributação das multinacionais digitais, que operam em vários países, onde não mantêm escritórios ou qualquer presença física.

Nesse, como em muitos outros campos, a revolução digital se implanta rapidamente, pondo em xeque o modo tradicional de lidar com os problemas, mas ainda não sabemos muito bem como enfrentar os novos desafios.

16
Quero ter meu próprio negócio

A Constituição de 1988 tem como fundamento os valores sociais tanto do trabalho como da livre iniciativa. Num mundo em que se generalizou a crise do emprego, muitos jovens não conseguem ou não querem emprego formal e optam pelo empreendedorismo.

Entre os motivos por tal opção estão o desejo de sair do peso e da burocracia da empresa tradicional e a vontade de ousar e controlar a própria evolução profissional num clima de liberdade e experimentação. Cresce dia a dia, e não só no Brasil, a porcentagem de empreendedores em relação à quantidade de empregados.

Uma grande facilitadora foi a instituição do Microempreendedor Individual (MEI), um profissional autônomo que, ao se cadastrar, passa a ter os deveres e direitos de uma pessoa jurídica. Esse microempreendedor obtém CNPJ, pode abrir conta em banco e emitir notas fiscais, tudo com um regime tributário extremamente simplificado.

Há uma lista das inúmeras atividades que podem ser exercidas nesse formato, tanto de comércio como de prestação de serviços. O MEI recolhe apenas uma pequena contribuição mensal, pelo regime do Simples, ficando isento dos demais impostos. E tem os benefícios da previdência social. Seu faturamento, entretanto, deve situar-se dentro de certos limites.

O processo de abertura, registro, alteração e baixa do Microempreendedor Individual, bem como qualquer exigência para o início de seu funcionamento, deverão ter trâmite especial e simplificado, preferentemente eletrônico.

Segundo o Serviço Brasileiro de Apoio às Micro e Pequenas Empresas (Sebrae), os MEIs são a única fonte de renda para mais de um milhão e meio de famílias, sendo que mais de cinco milhões de pessoas dependem da renda de seus titulares.

A microempresa, que recolhe o Simples Nacional, tem uma faixa de faturamento superior à do MEI. Ultrapassando o teto relativo à microempresa, passa-se à categoria de Empresa de Pequeno Porte, ainda sujeita ao Simples Nacional.

O Código Civil considera empresário quem exerce profissionalmente atividade econômica organizada para a produção ou a circulação de bens ou de serviços, sendo obrigatório o respectivo registro.

Entre as formas mais comuns de empresa estão a Empresa Individual de Responsabilidade Limitada (Eireli), constituída por uma única pessoa e com capital social não inferior a 100 salários mínimos.

Ela segue basicamente as regras das sociedades limitadas, em que só o patrimônio da empresa responde por suas dívidas. Assim, desde que tenha aportado o valor do capital social, os bens pessoais do empresário não respondem pelo eventual insucesso da empresa individual.

Quando são dois os empresários que se juntam para tocar um negócio, exercendo atividade econômica, temos uma sociedade que pode assumir várias formas. Ela adquire personalidade jurídica com sua inscrição no registro de comércio, em geral nas Juntas Comerciais de cada estado.

A sociedade simples, sem fins empresariais, nasce com um contrato escrito que estipula seu objeto e disciplina seu funcionamento. Esse contrato deve ser registrado no Registro Civil das Pessoas Jurídicas.

As duas formas mais importantes de sociedades empresárias, usuais no mundo dos negócios, são a sociedade limitada, dita Ltda., instituída por um contrato social, e em que a responsabilidade de cada sócio é restrita ao valor de suas quotas. E a sociedade anônima, a chamada S.A., regulada por lei específica, em que o capital se divide em ações.

A Lei da Liberdade Econômica, de 2019, permitiu a criação de uma sociedade limitada com apenas um sócio, visando acabar com a prática usual de figurar um segundo sócio, com um mínimo de quotas, às vezes uma só, apenas para cumprir o antigo requisito legal. É possível que algumas Eirelis agora sejam transformadas em limitadas de um sócio só.

Algumas das maiores empresas são formadas como sociedades anônimas. Consideram-se de capital aberto quando as ações podem ser adquiridas no mercado e negociadas em bolsas de valores, hipótese em que se submetem às regras da Comissão de Valores Mobiliários (CVM), agência reguladora que fiscaliza o mercado de ações, protegendo os investidores.

Como se vê, a atividade empresarial pode variar do Microempreendedor Individual, o MEI, em número cada vez maior, até às enormes empresas que frequentemente ultrapassam fronteiras.

Muito comum ainda é a franquia empresarial. O dono de uma marca ou patente cede ao franqueado o direito de utilizar sua marca ou comercializar seus produtos e serviços, oferecendo ao consumidor o mesmo modelo de negócio nos diversos locais onde encontrar aquela marca.

Em tese, a franquia reproduz um modelo já testado, mas também envolve riscos e custos que podem ser bastante elevados. Daí porque muitos preferem criar seu próprio negócio, optando pela liberdade e sem ter que prestar contas ou repartir os resultados com o franqueador.

O Brasil tem hoje um leque de quase três mil franquias, sendo que, além das tradicionais de alimentação, as de serviços e de educação estão em franca expansão. É fundamental conhecer as exigências de investimento e analisar com cuidado a Circular de Oferta de Franquia (COF) e o contrato a ser assinado, especialmente em relação ao marketing e demais obrigações. Há vários cursos de capacitação que ajudam a entender o tamanho do desafio e a evitar futuras dores de cabeça.

17
Proteção do meio ambiente

Um dos problemas mais graves que o planeta Terra enfrenta é o da devastação e das atuais mudanças climáticas. Embora essas sejam questões que podem e devem ser tratadas objetivamente pela ciência, acabaram gerando disputas ideológicas.

Por incrível que pareça, ainda há quem duvide que a Terra é redonda, que o homem chegou à Lua e que nosso planeta está em vias de esgotar os recursos necessários ao nosso consumo e à nossa sobrevivência.

Por mais que se discuta se a mudança climática é um fenômeno espontâneo, ou se é basicamente uma consequência da produção de gases na circulação de veículos, na indústria e na pecuária, há intensa movimentação no sentido de evitarmos um agravamento ainda mais dramático.

O desenvolvimento sustentável é hoje um objetivo prioritário no mundo todo, procurando fazer com que o uso dos recursos naturais, a orientação dos investimentos e as opções do desenvolvimento tecnológico estejam de acordo com as necessidades atuais e futuras da humanidade.

A Constituição brasileira de 1988 tomou um partido nítido ao declarar que todos têm direito ao meio ambiente ecologicamente equilibrado, bem de uso comum do povo e essencial à sadia qualidade de vida, impondo-se ao poder público e à coletividade o dever de defendê-lo e preservá-lo para as presentes e futuras gerações.

A Floresta Amazônica brasileira, a Mata Atlântica, a Serra do Mar, o Pantanal Mato-Grossense e a Zona Costeira são definidos na Constituição como patrimônio nacional. Seu uso deve assegurar a preservação do meio ambiente, inclusive quanto à exploração dos recursos naturais.

A fauna e a flora merecem proteção especial. Muitas atividades lesivas ao meio ambiente constituem crimes.

Além disso, a Constituição, pela primeira vez, admitiu a responsabilidade penal da pessoa jurídica nos crimes ambientais. Agora uma empresa pode ser acusada e condenada num processo criminal, por ato praticado por um de seus integrantes.

O uso de produtos ou técnicas que possam pôr em risco a saúde, a qualidade de vida e o meio ambiente, como os defensivos agrícolas, ou agrotóxicos, por exemplo, deve ser rigorosamente controlado.

A lei dos crimes ambientais define crimes contra a flora, como destruir ou danificar floresta considerada de preservação permanente, ou vegetação em estágio de regeneração do bioma da Mata Atlântica, ou florestas nativas ou plantadas, ou vegetação fixadora de dunas, protetora de mangues. Também é crime utilizar esses espaços infringindo as normas de proteção, promover incêndio em mata ou floresta, ou mesmo receber madeira não certificada.

Matar, perseguir, caçar, apanhar, utilizar espécimes da fauna silvestre, nativos ou em rota migratória, sem a devida permissão, licença ou autorização, ou em desacordo com a já obtida, são crimes contra a fauna. Também vender, comprar ou guardar esses espécimes. Incluem-se igualmente nesse rol os maus-tratos de animais silvestres, domésticos ou domesticados, nativos ou exóticos, bem como a pesca em período proibido ou com métodos predatórios.

Outro crime ambiental é causar poluição em níveis de que resultem danos à saúde humana ou que provoquem a mortandade de animais ou a destruição significativa da flora.

Instalar estabelecimentos, obras ou serviços potencialmente poluidores sem licença é outra figura criminosa.

A mesma lei define ainda os delitos contra o patrimônio cultural, como destruir, inutilizar ou deteriorar bem protegido, tombado. Entre eles os arquivos, registros, museus, bibliotecas, pinacotecas ou instalações científicas protegidos por lei, ato administrativo ou decisão judicial.

Também é crime ambiental pichar monumento urbano ou bem tombado, ressalvado o grafite como manifestação artística, se houver autorização do proprietário ou do órgão competente. Essas são só algumas linhas mestras, pois além de definições minuciosas na lei, há decretos, regulamentos e resoluções dos conselhos de Meio Ambiente nas esferas federal, estadual e municipal.

É preciso levar em conta ainda a legislação florestal alterada nos últimos anos, após sérios embates entre os preservacionistas e os defensores de uma atividade produtiva mais intensa e menos controlada. Também são muito relevantes as regras relativas à pesca e ao ordenamento urbano.

É fundamental que o Brasil, que sempre teve boa posição internacional por seu engajamento nas batalhas em favor de um meio ambiente protegido, continue na vanguarda desse movimento e não se deixe seduzir por eventuais facilidades que podem ser a porta de entrada para novos e maiores desastres.

18
A defesa da vida

As sociedades contemporâneas tipificam como crimes as ameaças mais graves à vida social, começando sempre pelo homicídio e os chamados crimes contra a pessoa.

A Constituição de 1988 manda garantir aos brasileiros e aos estrangeiros residentes no país a inviolabilidade do direito à vida, à liberdade, à igualdade, à segurança e à propriedade. A violação de qualquer um desses direitos é também definida como crime no Código Penal e em leis especiais ou avulsas.

O direito à vida tem, no mínimo, dois lados: além do dever de não matar, que se impõe a todos (artigo 121 do Código Penal), o Estado em tese assume a obrigação de garantir a segurança, de modo a que a vida das pessoas não seja exposta a perigo permanente e sistemático.

As estatísticas, entretanto, mostram inegável deficiência na garantia do direito à vida. O Brasil está no grupo dos países mais violentos do mundo, com cerca de 70 mil assassinatos por ano, a maioria praticados com arma de fogo e contra jovens de menos de 21 anos.

O modo usado na lei penal não é o imperativo, como no texto bíblico que diz: não matarás. O direito usa, implicitamente, o condicional: se matar... Prefere, assim, descrever objetivamente atos humanos que devem ser evitados, antes de definir as consequências que podem ser aplicadas caso a conduta tipificada venha a ocorrer:

"Homicídio simples
Art. 121. Matar alguém;
Pena - reclusão, de seis a vinte anos."

A lei trata diferentemente o crime consumado da tentativa frustrada. Se tentou matar e não conseguiu, por circunstâncias alheias à sua vontade, a tentativa é punida, mas a pena é diminuída de um a dois terços.

Há um tratamento diferente para o chamado infanticídio, quando a mãe mata o filho durante ou logo após o parto, sob influência do chamado estado puerperal, visto como conjunto de modificações hormonais que podem desencadear alterações psíquicas temporárias após dar à luz. A pena aí é a detenção de dois a seis anos.

Se a pessoa planejou um crime e desistiu antes de começar sua execução, não é punida. É o caso de uma pessoa que se arma, vai ao encontro da possível vítima e se arrepende do projetado homicídio, sem nada fazer.

Considera-se o crime impossível se o meio usado for descabido, e aí não há punição. Pretender matar alguém por telepatia, ou mediante orações, é um método considerado ineficaz pela justiça.

Talvez a mais importante distinção em relação ao homicídio, e a qualquer delito, é a questão de saber se a pessoa quis matar ou assumiu o risco de matar, ou se o efeito morte foi indesejado. Se o crime é intencional, considera-se doloso, praticado com dolo (pronuncia-se "dôlo" e não "dólo", erro frequente de pronúncia). Quem pratica o crime dolosamente, ou seja, com intenção criminosa, é punido com pena bem mais severa, de 6 a 30 anos de prisão.

Se a morte ocorreu por acidente, por descuido e não por vontade de alguém, considera-se o crime culposo, que é aquele que decorre de imprudência, negligência ou imperícia.

No homicídio culposo, a pena é significativamente menor do que a do homicídio intencional, sendo prevista detenção de um a três anos. Essa pena é aumentada em várias situações, inclusive a de deixar de prestar socorro imediato à vítima ou quando a morte é causada por inobservância de regra técnica de profissão.

Tendo em vista o grande número de mortes e ferimentos graves no trânsito, as leis foram prevendo crimes específicos (Código de Trânsito Brasileiro) e aumentando as penas previstas para os condutores descuidados. O homicídio culposo no trânsito tem pena de dois a quatro anos, podendo ser aumentada em inúmeras circunstâncias, como quando o motorista deixa de prestar socorro à vítima, sem correr risco pessoal. Se houver ameaça de agressão ao motorista causador do acidente, por exemplo, este pode escapar para se proteger.

Além do mais, o STF considerou constitucional, em fevereiro de 2020, a imposição da pena de suspensão de habilitação para dirigir veículo automotor ao motorista profissional condenado por homicídio culposo no trânsito. Foi fixada orientação de que tal penalidade não fere o direito constitucional ao trabalho e deve prevalecer.

A punição mais dramática é para o motorista alcoolizado ou drogado, pois aí a pena do homicídio passa a ser de cinco a oito anos de reclusão.

Além do homicídio dito simples, o Código Penal tem a figura do homicídio qualificado, onde a pena prevista é de reclusão de 12 a 30 anos. São os casos, entre outros, de motivo torpe, promessa de pagamento, motivo fútil, emprego de meio cruel ou emboscada.

A lei criou a figura do feminicídio, com a mesma pena do homicídio qualificado, nos assassinatos de mulheres por desprezo ou discriminação, e ainda de violência doméstica e familiar. É mais uma tentativa de diminuir o número absurdo de mortes de mulheres, especialmente dentro do próprio lar.

Uma característica importante dos crimes dolosos contra a vida é que são julgados não por um juiz de direito, como os culposos, mas pelo Tribunal do Júri, previsto na Constituição. Esse tribunal é composto por um juiz de carreira, que o preside, e por sete jurados, pessoas sorteadas entre uma lista para compor o Conselho de Sentença em cada julgamento.

É o único caso remanescente de justiça popular no Brasil, em que a decisão, em vez de ser tomada pelo juiz, é transferida aos representantes da comunidade, independentemente de terem ou não formação jurídica. Depois das provas e do debate entre acusação e defesa, os jurados são reunidos numa sala especial, dita secreta, em que respondem às questões formuladas pelo juiz. Entre esses quesitos, estão o de saber se o fato ocorreu e está comprovado, se o acusado é o autor ou participou do crime, se deve ser absolvido e se existem outras circunstâncias a serem consideradas. Os jurados respondem a cada um dos quesitos escolhendo entre uma cédula de papel opaco com a palavra sim e outra onde está escrito não. Prevalece sempre a maioria dos votos, um mínimo de quatro, portanto. Apurado o resultado, compete ao juiz proferir a sentença de condenação, com a respectiva pena, ou de absolvição, mandando colocar o acusado em liberdade.

O júri deve julgar também o crime de induzimento, instigação ou auxílio ao suicídio. Toda vez que alguém tira a própria vida, há um inquérito para apurar se alguém pressionou ou colaborou para aquele gesto, mesmo que a pessoa sobreviva.

O último crime julgado pelo Tribunal do Júri, finalmente, é o aborto. Apesar de o aborto não ser mais crime em inúmeros países, e de ser uma prática que ocorre em grande número no Brasil, fala-se em mais de um milhão de casos por ano, sua criminalização ainda é mantida, inclusive por pressões religiosas. Proibido, o aborto acaba sendo feito na clandestinidade, muitas vezes em clínicas sem o menor cuidado, com consequências dramáticas que chegam à morte de gestantes. É raro o Júri se reunir para julgar um aborto, em geral só nos casos em que o procedimento provocou grande risco à gestante e ela teve que ser atendida no sistema de saúde público.

Constitui crime provocar aborto em si mesma, consentir que outra pessoa lhe pratique, provocar aborto com ou sem consentimento da gestante, variando as penas. O direito brasileiro, por enquanto, é muito restritivo e só admite aborto se não há outro meio de salvar a vida da gestante ou se a gravidez foi resultante de estupro. Ainda assim, parte da opinião pública é tão conservadora que acha que o aborto deveria ser proibido até nesses casos excepcionais.

O Supremo Tribunal Federal (STF), entretanto, desde 2012, por decisão da enorme maioria de seus ministros, permitiu a interrupção da gravidez de feto anencéfalo. Alguns entenderam que não se trata de aborto, porque não há a possibilidade de vida do feto fora do útero. O resultado é que os médicos que fazem a cirurgia e as gestantes que decidem interromper a gravidez não cometem qualquer espécie de crime. Houve grande discussão em relação aos casos de grávidas infectadas pelo vírus da zika, que pode acarretar microcefalia, mas em 2019 o STF adiou o julgamento da questão. A solução pareceu inoportuna num momento em que, nas eleições de 2018, manifestou-se forte polarização e predominou a tendência conservadora do eleitorado.

Um *habeas corpus* proferido em 2016 pela Primeira Turma do STF, invocando basicamente razões sociais como fundamento, considerou que a interrupção da gravidez, até o terceiro mês de gestação, não pode ser equiparada ao aborto. Há uma ação na pauta do STF visando consagrar esse entendimento, mas o tema é bastante controvertido e o julgamento não deve ocorrer tão cedo (Arguição de Descumprimento de Preceito Fundamental – ADPF n. 442).

Embora haja uma corrente de opinião que entende que a vida começa com a concepção, há inúmeros argumentos a favor do aborto até determinado período de gestação, inclusive por motivos de saúde pública. O número de abortos poderia ser bem menor se o Estado exercesse mais ativamente o que manda a Constituição, que diz que o planejamento familiar é livre decisão do casal, mas que compete ao Estado propiciar recursos educacionais e científicos para o exercício desse direito.

Mais do que as proibições legais, como se vê, importa a consciência de cada um e as situações sociais frequentemente precárias, agravadas por preconceitos e pela deficiência de informação básica a respeito da sexualidade e do próprio corpo.

19
A luta contra a violência

O Brasil tem níveis alarmantes de violência. O Código Penal, logo depois de tipificar o homicídio, define o crime de lesões corporais, que consiste em ofender a integridade corporal ou a saúde de outrem, com pena de detenção de até um ano. Se for praticado contra pessoa com quem o agressor conviva, ou no caso de relações domésticas, a pena pode chegar a três anos. Se a lesão tem consequências graves, a pena pode atingir até oito anos de reclusão. Se for seguida de morte, pode alcançar 12 anos.

Também é crime participar de rixa, salvo para separar os contendores. Rixa é a briga ou luta entre pessoas. Mesmo que não deixe lesões, pode ser punida com detenção. Os adolescentes que se metem em brigas, muitas vezes sem ter noção, se expõem a processos e acabam tendo uma mancha em seu currículo, que pode, no mínimo, dificultar futuras contratações ou empregos.

A violência causada por torcedores e torcidas organizadas também é um grave problema. O Estatuto do Torcedor prevê punições para esses grupos, quando o tumulto ou as agressões ocorrem nos estádios. Alteração de 2019 aumenta as punições e inclui atos praticados em outros locais.

As agressões à honra, as ofensas, também são crimes. Quem ofende a dignidade ou decoro de alguém, com um xingamento, por exemplo, comete injúria. Se a ofensa consistir no uso de elementos referentes a raça, cor, etnia, religião, origem ou condição de pessoa idosa ou portadora de deficiência, a pena é muito mais grave, podendo chegar a três anos de reclusão.

O STF decidiu, em 2019, que tanto a homofobia como a transfobia se enquadram nos tipos penais definidos na Lei n. 7.716/1989, que pune com penas elevadas os crimes resultantes de discriminação ou preconceito de raça, cor, etnia, religião ou procedência nacional. Entendeu a Suprema Corte que, após tantas mortes, ódio e incitação contra homossexuais, ou a comunidade LGBT, era inadmissível a demora do Legislativo e necessário pôr fim a essa barbárie.

Quando alguém atribui um fato ofensivo a qualquer pessoa comete difamação, mesmo que o fato seja verdadeiro. Como exemplo, podemos citar a afirmação de que determinada pessoa trai seu cônjuge ou engana seus sócios.

Se a acusação é de um crime, dizer, por exemplo, que a pessoa roubou um celular em determinado dia e hora, e o acusador sabe ou deveria saber que a acusação é falsa, aí estamos diante do crime de calúnia, bem mais grave que a difamação e a injúria. Quem repetir a acusação, sabendo-a falsa, também responde pela calúnia.

A fixação de um valor econômico, como indenização, muitas vezes é uma ameaça maior do que uma possível ação penal, especialmente para pôr um freio em pessoas que não aceitam limites. Esse é um caminho poderoso para aumentar o grau de civilidade entre nós.

São crimes contra a liberdade individual a ameaça, o constrangimento ilegal e o sequestro ou cárcere privado. O constrangimento ilegal consiste em obrigar alguém, mediante violência ou grave ameaça, ou sem capacidade de resistência, a não fazer o que a lei permite ou a fazer o que ela não manda.

Gravíssimo ainda é o crime de tráfico de pessoas, infelizmente muito comum. Também infelizmente corriqueiros são os crimes contra a liberdade sexual. Constranger alguém, mediante violência ou grave ameaça, a ter conjunção carnal ou praticar ou receber ato libidinoso é conduta definida como estupro, punida com reclusão de seis a dez anos, mesmo que não haja penetração.

A regra é sempre a de que o sexo só pode ser praticado entre pessoas de comum acordo, que consintam na prática. Mesmo consentido, entretanto, é crime gravíssimo se envolver pessoa vulnerável, seja porque tem menos de 14 anos, seja por qualquer causa que a impeça de oferecer resistência, como enfermidade ou embriaguez, por exemplo. A pena, nesse caso, pode chegar a 15 anos.

A mera prática não consentida de ato libidinoso pode receber pena de até cinco anos de reclusão. É o caso de tocar nos seios ou nas pernas de uma pessoa, dar um beijo contra a vontade ou se esfregar em alguém, como ocorre nos transportes coletivos superlotados. Esses atos também são punidos mesmo que cometidos em baladas, bailes ou no Carnaval. A festa não serve de desculpa para o abuso.

O assédio sexual é definido como o constrangimento do superior hierárquico visando obter vantagem ou favorecimento sexual do funcionário, prevalecendo-se dessa posição. Decisão do STJ considerou assédio também o constrangimento cometido por professores em relação a alunos.

A partir de 2018, a divulgação de cena de sexo, pornografia ou nudez, inclusive na internet, sem consentimento da pessoa filmada, é crime punido com reclusão. A pena é mais grave se a divulgação for praticada por pessoa que mantenha ou tenha tido relação íntima de afeto com a vítima ou com o fim de vingança ou humilhação. É o caso, por exemplo, dos namorados ou ex-maridos vingativos.

A cada quatro minutos, uma mulher é agredida por um homem e sobrevive, segundo dados do Ministério da Saúde. Nosso país registra um número inacreditável de agressões contra mulheres, mas hoje existe maior conscientização e muitos homens e entidades se mostram dispostos a apoiá-las e defendê-las.

Um importante instrumento de proteção foi a chamada Lei Maria da Penha, de 2006, com medidas para prevenir e punir agressões, protegendo as mulheres da violência doméstica e familiar. Hoje existem delegacias especializadas e a lei mandou criar Juizados de Violência Doméstica e Familiar contra a Mulher, além de estabelecer medidas de assistência e proteção. Essas situações incluem a violência física e a psicológica, como ameaça, humilhação, manipulação, isolamento, vigilância constante, perseguição contumaz, insulto, chantagem, violação de intimidade, ridicularização, exploração e limitação do direito de ir e vir.

Não se pode impedir a mulher de usar método contraceptivo. Ela tem o direito de evitar a gravidez, com os métodos que a medicina põe à sua disposição, e nem mesmo o marido ou companheiro podem constrangê-la a expor-se ao risco de uma gravidez indesejada.

Existem medidas específicas para protegê-la da violência patrimonial, evitando qualquer ato que ameace ou atinja seus bens, instrumentos de trabalho, documentos pessoais, valores e direitos ou recursos econômicos.

Qualquer conduta que configure retenção, subtração, destruição parcial ou total dos objetos da mulher, seus instrumentos de trabalho, documentos pessoais, bens, valores e direitos ou recursos econômicos, incluindo os destinados a satisfazer suas necessidades, é considerada forma de violência patrimonial. Além dos mecanismos de proteção previstos na Lei Maria da Penha, aquele que, por ação ou omissão, causar lesão, violência física, sexual ou psicológica e dano moral ou patrimonial à mulher fica obrigado a ressarcir todos os danos causados e também sujeitar-se às penas do crime de lesão corporal qualificada. Para este crime, não cabe acordo com pagamento de cesta básica e nem suspensão do processo mediante cumprimento de condições, mesmo que a vítima queira perdoar. Ou seja, hoje, o agressor pode ser processado se o fato chegar ao conhecimento da polícia, mesmo que a vítima se oponha.

É direito da mulher em situação de violência doméstica e familiar o atendimento policial e pericial especializado, ininterrupto e prestado por servidores preferencialmente do sexo feminino. Verificada a existência de risco atual ou iminente, o agressor pode ser imediatamente afastado do lar, domicílio ou local de convivência com a ofendida.

Lei de 2019 facilitou as ações de divórcio ou separação em caso de violência doméstica, inclusive com apoio da assistência judiciária. O juiz pode mandar suspender a posse de armas do agressor, afastá-lo do lar, fixar alimentos provisórios, proibir a aproximação ou qualquer contato com a mulher, familiares e testemunhas, e até suspender a visita aos filhos. Pode ainda determinar a separação de corpos e, se for o caso, autorizar o afastamento da ofendida do lar.

O descumprimento dessas decisões constitui crime, além de gerar indenização por danos. A Constituição de 1988, pela primeira vez, declarou que o homem e a mulher são iguais em direitos. A diminuição da desigualdade e o aumento da proteção da mulher e das crianças contra a violência são fatores indispensáveis para que o Brasil se torne um país melhor.

20
As drogas de cada um

Uma das questões mais controvertidas no mundo todo é o modo de lidar com as drogas. Bem ou mal, estamos todos envolvidos com elas, na medida em que, tecnicamente, droga é toda substância que, ao ser consumida, provoca uma mudança fisiológica ou psicológica em nosso organismo.

Existem, assim, drogas permitidas, ou lícitas, como o café e, na maior parte do mundo, o álcool. Há drogas controladas, como os medicamentos psiquiátricos de tarja preta, as benzodiazepinas, por exemplo. E as proibidas, ou ilícitas, como a maconha, o crack, o ópio, a cocaína e a heroína. O que se constata, entretanto, é que a proibição varia em cada momento histórico e em cada país.

No Brasil, o álcool é liberado, embora cause enormes males sociais, tanto aos que o usam descontroladamente ou que dirigem sob seu efeito, como aos seus familiares e eventuais vítimas. Para amenizar esses males, houve uma agravação das penas do motorista que causa acidente sob efeito do álcool.

A maioria dos países admite o uso lícito do álcool, com exceção de algumas nações islâmicas. O tabaco, o cigarro e o charuto são geralmente permitidos, embora haja cada vez mais restrições à publicidade e ao uso desses produtos em lugares públicos.

No Brasil, a classificação de uma droga como "ilícita" é feita pela Agência Nacional de Vigilância Sanitária (Anvisa). O café, o tabaco e o álcool escapam dessa classificação, podendo ser livremente comercializados e consumidos. Já os produtos que constam da lista de substâncias entorpecentes da Anvisa são considerados drogas para todos os efeitos.

A Lei de Drogas em vigor é de 2006. Tudo é proibido: plantar, cultivar, colher e explorar vegetais ou substratos de que possam ser extraídas ou produzidas drogas, salvo autorização legal.

Admite-se, porém, desde 2004, o uso estritamente ritualístico-religioso do daime ou chá de ayahuasca, considerado um erva medicinal ritualística, que, embora possa provocar mal-estar e vômitos, é supostamente usada para induzir meditação profunda.

A lei permite que o governo federal autorize o plantio, cultura e colheita de vegetais normalmente proibidos, desde que seja para fins medicinais ou científicos. É a discussão ainda não totalmente resolvida sobre o uso medicinal da maconha, que poderia movimentar um mercado enorme. Apesar de estudos da Anvisa, há enorme resistência em autorizar o cultivo de cannabis para pesquisa e produção de medicamentos. Mais do que argumentos científicos, pesa aqui o tabu relativo às drogas. A Anvisa simplificou, em janeiro de 2020, a importação de produtos à base de canabidiol, mas, na mesma reunião, manteve a proibição do cultivo. A liberação para venda em farmácias havia sido autorizada em dezembro de 2019.

O uso recreativo da maconha é proibido no Brasil e na maioria dos países. Uma exceção é o Uruguai, que o legalizou. Há experiências na Holanda e em alguns estados dos Estados Unidos, mas não existe unanimidade a respeito dos efeitos nocivos ou benéficos da liberação. Embora seja uma droga bastante consumida, especialmente entre os jovens, seu uso continua ilegal.

A lei recomenda informação, prevenção e reinserção social dos usuários e dependentes de drogas. A dependência é um dos maiores dramas da existência humana e de difícil enfrentamento. Uma lei de 2019 criou a possibilidade de internação involuntária para tratamento dos dependentes, a pedido da família ou dos serviços públicos de saúde ou assistência social.

Hoje não se admite mais a condenação do usuário ou dependente à pena de prisão, mas há outras sanções, como advertência, prestação de serviços à comunidade ou medidas educativas. Essas penas se aplicam a quem guardar ou portar drogas em pequena quantidade, para uso pessoal, mas também a quem cultivar ou colher plantas destinadas à preparação de pequena quantidade de droga.

O STF iniciou a análise da eventual inconstitucionalidade desse dispositivo, o que implicaria em descriminalizar o uso das drogas, mas a jurisprudência, por ora, é bastante conservadora. O principal argumento dessa tese é de que o uso do entorpecente só prejudica o próprio usuário, mas em sentido contrário sustenta-se que a prática alimenta o tráfico ilegal.

A avaliação da justiça leva em conta a quantidade, mas também as circunstâncias e os antecedentes do acusado. É frequente que uma pessoa que se apresenta como mero usuário seja processado como traficante, e aí as penas são muito pesadas, indo até 15 anos de reclusão.

A lei admite entre nós uma pena menor, de detenção de até um ano, para quem oferecer droga, eventualmente e sem objetivo de lucro, a pessoa de seu relacionamento, para juntos a consumirem. É o caso, assim, do uso compartilhado, que tem tratamento diferente do tráfico.

É muito comum que as acusações por tráfico venham acompanhadas de outra figura criminosa, punida com até dez anos de reclusão, a de associação para a prática do tráfico, que não admite fiança, liberdade provisória ou conversão em penas restritivas de direitos. Quem financiar ou custear a prática desses crimes, produção ou tráfico, por exemplo, pode receber pena de reclusão de até 20 anos.

Existe grande cooperação internacional no combate ao tráfico, mas os resultados são limitados. As organizações criminosas, nacionais e internacionais, têm enorme poder financeiro e é difícil combatê-las com sucesso. Por outro lado, a discussão sobre as formas de atacar o problema nem sempre tem trazido respostas convincentes. É importante acompanhar as discussões e procurar extrair conclusões, se possível com bases científicas e não a partir de preconceitos.

21
Furto, roubo, corrupção

A acusação de roubo ou assalto está na origem do recolhimento de metade dos presos que estão em nossas penitenciárias. A quantidade de crimes contra o patrimônio é um grande fator de insegurança, pois além de subtrair bens, assusta as pessoas, provocando medo e mesmo traumas.

Os crimes contra o patrimônio têm uma grande gradação, que vão desde a subtração de uma barra de chocolate ou um vidro de xampu de valor ínfimo, até o assalto milionário aos cofres de um banco ou às cargas de ouro em trânsito pelos aeroportos.

A distinção entre furto e roubo nem sempre é feita na linguagem comum. O furto é a violação simples do direito de propriedade, tomar sem violência um bem de outra pessoa. Furta-se uma galinha, as moedas deixadas sobre a mesa, um automóvel. A pena varia de um a quatro anos, com aumento de um terço se praticado "durante o repouso noturno", como diz o Código Penal. Equipara-se à coisa móvel, objeto de furto, a energia elétrica (gatos) ou qualquer coisa que tenha valor econômico.

Conforme as circunstâncias, a pena pode aumentar. Se houver rompimento de obstáculo, seja uma porta, uma janela ou um cadeado, ou se o furto for cometido por duas ou mais pessoas, a pena dobra. A pena pode ir de três a oito anos se o furto for de veículo levado para outro estado ou para o exterior.

O que diferencia o roubo, em sentido próprio, é o fato de ser cometido mediante grave ameaça ou violência à pessoa. O roubo é o assalto propriamente dito, e dificilmente a pena aplicada é inferior a cinco anos. Esta é aumentada em dois terços se houver uso de arma de fogo.

O sequestro para obter vantagem ou resgate é punido com reclusão de 8 a 15 anos. Alguns sequestros acabaram tendo grande divulgação e entraram para a História do crime no Brasil.

Embora as penas sejam elevadas, as organizações criminosas trabalham com um cálculo de custo e benefício. Se é difícil alguém ser pego, pois apenas uma parte dos crimes é desvendada, o risco para o criminoso é baixo. Uma ação mais efetiva de combate ao crime melhoraria as estatísticas, e a Justiça se tornaria uma ameaça real para o assaltante.

Comete apropriação indébita quem tem provisoriamente a posse de coisa alheia, um automóvel emprestado, por exemplo, e dele se apropria, se recusando a devolvê-lo ao dono.

Outro crime muito comum e de difícil combate é o estelionato, o famoso artigo 171 do Código Penal. Trata-se de obter vantagem ilícita, mediante ardil ou meio fraudulento. São famosos os "contos do bilhete premiado", por exemplo. Hoje predominam os falsos boletos, tentando desviar pagamentos para contas de estelionatários. O problema aqui é que a pena mínima é de apenas um ano, cabendo proposta de suspensão do processo, mesmo que o prejuízo seja de vários milhões de reais. Ademais, a Lei n. 13.964, de dezembro de 2019, o controvertido Pacote Anticrime, passou a exigir representação formal à polícia para que o estelionato possa ser investigado e processado. A representação pode ser retirada depois, se houver acordo entre as partes. Abre-se, assim, a possibilidade de conciliação entre autor do crime e vítima, podendo resultar na exclusão de responsabilidade penal do autor do fato.

Quando um agente público se apropria de qualquer bem ou valor de que tem a posse em função do cargo, o crime é de peculato, com pena de reclusão de 2 a 12 anos. Os grandes escândalos públicos em geral envolvem peculato, junto com outros crimes.

A Lei de Improbidade Administrativa, de 1992, prevê punições aplicáveis aos agentes públicos nos casos de enriquecimento ilícito, com perda dos bens ou valores acrescidos ao seu patrimônio. Isso inclui qualquer tipo de vantagem indevida, inclusive o uso de veículos ou equipamentos para obra ou serviço particular. A exigência de vantagem indevida pelo funcionário chama-se concussão, com pena de 2 a 12 anos. Já o pedido ou recebimento de vantagem indevida constitui corrupção passiva, com pena de 2 a 12 anos. Do outro lado, o oferecimento ou promessa de vantagem indevida constitui corrupção ativa, punida com a mesma pena. Esses crimes adquiriram notoriedade com as sucessivas operações da Polícia Federal que desvendaram graves conluios entre grandes empresas, especialmente empreiteiras, e funcionários de empresas com a Petrobras e até com ministros de Estado, governadores e parlamentares.

Outro crime que se tornou conhecido é a chamada lavagem de dinheiro. A criminologia moderna chegou à conclusão de que a melhor maneira de combater o crime é atacar o fluxo de dinheiro gerado por ele. O crime se torna menos atraente se o seu produto não puder ser usado e nem voltar ao sistema econômico com aparência de dinheiro limpo.

Uma lei de 1998 passou a considerar crime o fato de ocultar ou dissimular a natureza, origem, localização, disposição, movimentação ou propriedade de bens, direitos ou valores provenientes, direta ou indiretamente, de infração penal. A pena é de reclusão de três a dez anos. É comum ver-se, por exemplo, na Operação Lava Jato, pessoas condenadas por corrupção e, também, por lavagem de dinheiro, quando, por exemplo, para dissimular a corrupção, usaram doleiros e mandaram os recursos clandestinamente para o exterior.

A mesma lei criou o Conselho de Controle de Atividades Financeiras (Coaf), hoje Unidade de Inteligência Financeira (UIF), para identificar ocorrências suspeitas de atividades ilícitas e comunicá-las às autoridades competentes.

É importante que os crimes contra o patrimônio, seja público ou particular, sejam reprimidos proporcionalmente aos danos causados. O tratamento dispensado a quem furta uma barra de chocolate não pode ter o mesmo rigor que merece quem desvia milhões dos cofres do governo ou das estatais, subtraindo recursos indispensáveis à saúde e à educação da população.

22

A Justiça

Um dos princípios básicos do sistema de justiça é o de que ninguém é obrigado a se conformar com a decisão de um só juiz, até porque toda pessoa pode errar em seu julgamento. Surge, então, o princípio do duplo grau de jurisdição, que permite sempre à parte inconformada recorrer a um órgão superior colegiado, que são os tribunais.

Nem todo juiz pode julgar qualquer assunto, existe uma divisão por matéria. A Justiça do Trabalho julga os conflitos originados nas relações de trabalho, e os dissídios coletivos, quando a negociação entre sindicatos e empresas não chegam a bom termo.

A estrutura de todas as justiças é praticamente a mesma. Na Justiça do Trabalho, os casos são julgados por um juiz, não existe mais a antiga fórmula das extintas Juntas de Conciliação e Julgamento. O recurso é para o Tribunal Regional do Trabalho (TRT). Deste, para o Tribunal Superior do Trabalho (TST), em determinados casos. E eventualmente, em caráter extraordinário, ao Supremo Tribunal Federal.

Todo o processo eleitoral é conduzido pela Justiça Eleitoral, começando pelos juízes eleitorais. O recurso é para o Tribunal Regional Eleitoral (TRE). Algumas decisões deste podem chegar ao Tribunal Superior Eleitoral (TSE), cujas decisões são irrecorríveis, a menos que contrariem a Constituição ou deneguem *habeas corpus* ou mandado de segurança. Nessas hipóteses, cabe recurso ao Supremo Tribunal Federal (STF).

A Justiça Militar julga os crimes militares e a estrutura é parecida: tribunais e juízes militares, Superior Tribunal Militar (STM) e, eventualmente, STF.

A maioria dos assuntos é tratada pela chamada Justiça Comum, que se divide entre estadual e federal. O modo de conduzir o processo é estabelecido no Código de Processo Civil (CPC) e no Código de Processo Penal (CPP). Um julgamento que contrarie as regras desses códigos pode ser anulado.

A Justiça Federal julga causas em que haja interesse da União ou de empresas públicas federais, e determinados crimes, como os contra o sistema financeiro e a ordem econômica. Pode julgar também causas relativas a direitos humanos, em hipóteses de grave violação, por iniciativa do Procurador Geral da Justiça (PGR). As decisões dos juízes federais são sujeitas a recurso ao Tribunal Regional Federal (TRF) de cada região.

Todos os outros casos são julgados pela Justiça Estadual. As sentenças dos juízes de direito podem ser revistas pelo Tribunal de Justiça (TJ) de cada estado.

Na cúpula do Poder Judiciário estão o Supremo Tribunal Federal (STF), o Conselho Nacional de Justiça (CNJ) e o Superior Tribunal de Justiça (STJ). O CNJ controla a atuação administrativa e financeira do Poder Judiciário, os deveres funcionais dos juízes e recebe reclamações.

O STJ tem por missão específica julgar, em recurso especial, as causas decididas pelos tribunais estaduais ou federais, quando contrariem lei federal ou haja divergência com a jurisprudência de outro tribunal. Na prática, o STJ converteu-se numa verdadeira terceira instância, tal o número de recursos especiais que recebe, boa parte dos quais merecem provimento, ou seja, efetivamente reformam a decisão anterior.

Já o STF é, em tese, uma corte constitucional, que julga em recurso extraordinário as decisões finais dos tribunais que contrariem a Constituição. Também, na prática, o STF acaba recebendo inúmeros recursos e especialmente *habeas corpus*.

Por outro lado, o STF tem competência criminal para julgar o presidente da República, o vice-presidente, os ministros e outras autoridades, como senadores e deputados, por crimes praticados durante o mandato e em razão das funções públicas e a elas relacionadas. É o chamado "foro privilegiado", ou foro por prerrogativa de função, criado para evitar processos indevidos contra essas autoridades, mas muito criticado porque, na prática, parece um benefício a favorecer o acusado. Na verdade, um réu condenado pelo STF não tem a quem recorrer, ao passo que se for julgado por um juiz estadual ou federal pode recorrer ao respectivo tribunal e ainda tentar recorrer ao STJ e ao próprio STF.

O STJ tem competência para julgar as acusações criminais contra governadores, desembargadores dos Tribunais de Justiça e outras autoridades. Toda essa estrutura está na Constituição, que define também as prerrogativas que asseguram a independência dos juízes e dos membros do Ministério Público (MP), como vitaliciedade, inamovibilidade e irredutibilidade dos vencimentos. Por outro lado, eles são proibidos de se dedicar à atividade político-partidária ou comercial, com regras detalhadas na Lei Orgânica da Magistratura (Loman).

A Constituição estabelece que a atividade jurisdicional será ininterrupta, a distribuição de processos imediata, em todos os graus de jurisdição, que todos os julgamentos e que todas as decisões devem ser fundamentadas, até para permitir recurso contra elas. Só nos casos de segredo de justiça é que os atos ficam limitados às próprias partes e a seus advogados, quando a preservação do direito à intimidade das partes não prejudique o interesse público à informação.

O Ministério Público, a Advocacia e a Defensoria Pública são consideradas funções essenciais à Justiça.

O Ministério Público da União tem como chefe o Procurador Geral da República (PGR), e os dos estados são chefiados pelo Procurador Geral de Justiça (PGJ). O

Ministério Público tradicionalmente tem por função promover a ação penal pública, apresentando denúncias criminais ao receber um inquérito policial consistente que aponte indícios fortes de que houve um crime e de quem é o seu autor.

As funções do Ministério Público, entretanto, foram muito ampliadas e hoje o MP é um órgão que tem o dever de zelar pelo efetivo respeito dos Poderes Públicos aos direitos assegurados na Constituição, promovendo o inquérito civil e a ação civil pública para a proteção do patrimônio público e social, do meio ambiente e de outros interesses difusos e coletivos. É sua função também requisitar fundamentadamente diligências investigatórias e a instauração de inquérito policial.

Os promotores públicos atuam em primeiro grau, oferecendo denúncias ou pedindo arquivamento dos inquéritos. Na Justiça Federal, essa função é exercida por procuradores da República. Cabe ao Ministério Público também acompanhar todas as causas em que haja interesse de incapazes e dar pareceres opinativos nos recursos criminais, por ocasião dos respectivos julgamentos. Finalmente, em tese, cabe ao Ministério Público o controle externo da atividade policial.

O advogado é indispensável à administração da justiça. A Constituição garante a inviolabilidade de seus atos e manifestações no exercício da profissão. A correspondência entre advogado e cliente é sigilosa, não pode ser apreendida, e nem seu escritório e seus arquivos podem ser devassados, a menos que seja comprovado envolvimento direto em atividade criminosa. A Constituição assegura ampla defesa, o que inclui a atuação de advogado nos processos, sem o que ocorre nulidade processual.

As defensorias públicas têm por função a orientação jurídica, a promoção dos direitos humanos e a defesa, em todos os graus, judicial e extrajudicial, dos direitos individuais e coletivos, de forma integral e gratuita, aos necessitados. Trata-se de instituição essencial, que responde com eficiência pela defesa criminal de grande parte dos acusados que não têm recursos para pagar um advogado de sua escolha.

Diante da sobrecarga da Justiça, que acarreta demora na solução dos processos, surgem medidas alternativas, como a mediação e a arbitragem. Na mediação, uma pessoa é escolhida pelas partes, ou indicada por um juiz, para agir como facilitadora e tentar estabelecer um diálogo entre as pessoas em litígio, visando encontrar uma solução razoável para a questão. Muito comum no direito de família, a mediação ajuda a superar embates emocionais que podem travar as possíveis soluções, e que muitas vezes prejudicam não só os interessados, mas também seus filhos.

Na arbitragem, usada até em conflitos de grandes empresas, cada uma das partes indica um árbitro, e este indica um terceiro, com o compromisso de que a solução alcançada na arbitragem será definitiva, sem recurso ao Judiciário. Num mundo em que tudo acontece muito rápido, esse modo de solução é bastante conveniente, evitando uma pendência de muitos anos, sem prazo para terminar.

A justiça brasileira vive sobrecarregada, não consegue decidir muitas questões com a necessária celeridade, mas em todos os níveis há excelentes juízes que tentam fazer com que as coisas funcionem cada vez melhor.

O Ministério Público, por sua vez, teve seu papel ampliado pela Constituição de 1988 e hoje, além de promover a ação penal, tem importante atuação na defesa da moralidade pública, do meio ambiente e dos interesses sociais.

Nosso país conta também com excelentes defensores públicos e advogados, cuja atuação é indispensável ao funcionamento da Justiça. Onde houve uma acusação, um advogado tem que se contrapor para que se possa atingir o desejado equilíbrio na aplicação do direito.

Conclusão: e agora?

Já na era das cavernas, há mais de 200 séculos, os humanos viviam em grupos e seguiam regras, basicamente proibições. Com os recentes progressos da Antropologia, sabemos melhor como eram nossos ancestrais e que normas obedeciam.

Entender o Direito implica compreender o quadro político e social que envolve cada civilização. Vivemos um momento crítico, em que é necessária uma percepção aguda para visualizar a crise do mundo que habitamos.

A inteligência artificial está hoje em toda parte. Robôs nos atendem ao telefone e nos respondem com voz quase humana. Já se propõe o uso de algoritmos e da inteligência artificial para classificar os casos jurídicos, e até para proferir sentenças em processos simples.

A literatura e o cinema vivem o tempo das distopias, desenhando um futuro em que a tecnologia destrói a cultura e se torna um terrível instrumento de poder. A guerra cibernética usa instrumentos capazes de levar o caos a povos a uma grande distância, com prejuízos bilionários.

No início da internet, ela era comparada ao Velho Oeste, um grande espaço de liberdade, mas também um ótimo terreno para os fora da lei. É muito complexo investigar o banditismo digital, seja o que gera golpes, seja o que espalha notícias falsas, insulta e agride.

A transformação foi muito rápida, passamos da era do *Homo sapiens* à era do homem conectado, em que qualquer passo de nossas vidas depende da internet, dos aparelhos para acessá-la e de todo um substrato de computadores e robôs que procuram nos dirigir. É assim no trânsito, nos transportes, nas comunicações, na alimentação, no comércio, nas empresas e nas famílias.

O computador pessoal surgiu nos anos 1980, com modelos ainda precários, e o iPhone surgiu apenas em 2007. O desenvolvimento tecnológico desde então provocou mudanças profundas também na psique e na configuração cerebral dos usuários.

Nosso sistema eleitoral e o de imposto de renda estão totalmente informatizados. Na Justiça, já está implantado o processo eletrônico, mas ainda há conflitos entre os programas usados para acessar os tribunais, o que é fator de insegurança.

Temos que nos preparar para mudanças constantes e ainda mais radicais. Já ultrapassamos o quadro terrível imaginado por George Orwell no seu *1984*. Hoje somos vigiados por nossos computadores, televisões, aparelhos conectados e telefones celulares, seja para fins comerciais, seja para nos controlar mesmo.

Nosso campo de ação é limitado, mas não adianta fechar os olhos. Esse é o mundo em que vivemos. Por ora, basta entender um pouco como as normas do Direito atuam em nosso cotidiano, como influem em nossa vida diária e como podemos nos proteger.

A Constituição de 1988 é um instrumento poderoso em defesa da vida, da segurança e de nossos direitos individuais e sociais. Ela sempre pode ser aprimorada, mas os princípios fundamentais que ela afirma são a garantia de que nossa democracia possa ser um caminho de liberdade, igualdade e Justiça.

GRÁFICA PAYM
Tel. [11] 4392-3344
paym@graficapaym.com.br